スーパーのカリスマバイヤー直伝!

旬で食べる! 野菜の12ヵ月

青髪のテツ

大和出版

そのときにしか出会えない「季節のごちそう」を味わってみませんか？──はじめに

はじめまして。スーパーの青果部で10年以上勤務している青髪のテツと申します。
私は野菜や果物の仕入れ・販売を続けていく中で、野菜の魅力を多くの方に知ってもらいたいと思うようになり、現在、Twitterで情報発信をしています。

突然ですが、あなたは、「玉ねぎ」の一番おいしい時期を知っていますか？

1年中、スーパーで買うことのできる玉ねぎ。
実は、この玉ねぎにも旬があって、シェアの半分以上を占める北海道産の玉ねぎの旬は秋～冬になっています。

そもそも、どんな野菜にも、それぞれ本来の旬があり、旬の野菜は糖度が高い、ほ

かの時期と比べて味がいい……といった大きなメリットがあります。

玉ねぎ以外でも、春に手に入る「一番ニラ」は、ほかの時期のニラと比べて、別格のおいしさがあるから、ニラ玉にしてもレバニラにしても格別においしい！

これはニラ農家さんからのお墨付きです。

また、なすには「秋のなす」と「夏のなす」がありますが、暑い日差しを浴びた夏のなすは実がパンパンに詰まり、水分を豊富に含んでいて、私が特に大好きな野菜。味がしみしみの「なすの煮びたし」は最高なんです。

さらに、旬の野菜は、お財布にもやさしいんです！

旬の時期には、多くの地域で露地栽培（年間通して収穫できるビニールハウスではなく、畑で栽培すること）の野菜が収穫されるので、流通量が増えて、需要と供給のバランスが取れて、値段が下がりやすくなっています。

この本では、このような「旬」の野菜の魅力をたっぷりお届けします。

もしかすると、ふだん買わないような野菜にも出会えるかもしれません。

例えば、「せとか」。「聞いたことがない」という人もいるでしょう。

これは口いっぱいに甘さが広がるジューシーな柑橘で、私がこれまでスーパーで勤務してきた中で、一番といっていいほどおいしい果物だと思っています。

また、玉ねぎとねぎを交配して生まれた、「わけぎ」。

こちらも、あまりなじみがないと思いますが、辛味が少なく、マイルドで食べやすいのが特徴。酢味噌と一緒にぬたにすれば、立派なおかずになります。


現在は、スーパーに行けば、ほとんどの食材が時期を問わずに手に入ります。

「そもそも、旬の時期なんてわからない」

そんなふうに思われるかもしれませんね。

ですが、昔の人は、そのときにしか食べることができない季節の野菜でお供えをしたり、栄養価の高い旬の食材を使った料理を食べて、健康を祈っていたそうです。

おせち料理、七草がゆ、ひな祭りのちらし寿司などの「食の行事」は、そんな習慣ともつながっています。

今を生きる私たちも、

「今日は十五夜だっけ。里芋を月見団子に見立てて食べようかな」

「梅雨だから、青梅と氷砂糖を買ってきて、『梅仕事』をしてみよう」

こんなふうに、「旬」を意識して、季節の移り変わりや、日本ならではの行事を楽しむことができるのではないでしょうか。


この本はスーパーの青果部勤務の私だからこそ伝えたい、「季節野菜の魅力」について、余すところなく紹介していきます。

「旬の野菜のおいしい食べ方」の決定版といっても過言ではないと自負しています！

野菜という身近にあるものを、もっともっと身近に感じてもらえたら、そして少しでも、毎日の食卓のお役に立つことができたら、著者として、とても嬉しく思います。

青髪のテツ

旬で食べる！ 野菜の12ヵ月 目次

夏野菜　6月～8月の野菜・果物一覧

6月

ジメジメを吹き飛ばそう

暑さ対策をしっかり

7月

こまめに水分補給を

8月

秋野菜　9月～11月の野菜・果物一覧

土の恵みをいち早く味わう　9月

実りの秋がやってきた

10月

乾燥と寒さから身を守ろう

11月

冬野菜　12月〜2月の野菜・果物一覧

12月

鍋で体をあたためよう

1月

体調を整えていい新年を

2月

春目前、野菜で栄養チャージ

本文レイアウト　今住真由美
本文DTP　白石知美・安田浩也（システムタンク）
レシピページ監修　橋詰依里子（健康と食を考える料理家）
アイコンイラスト　Gurin.
本文イラスト　東口和貴子

春野菜

3月~5月の野菜・果物一覧

3月になり、春の足音が聞こえてくる季節になりました。あたたかくなると、春野菜がおいしい季節がやってきます！

春に旬を迎える野菜・果物

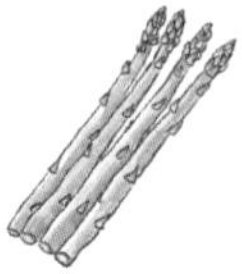

アスパラガス

新じゃがいも

キャベツ
（春キャベツ）

新玉ねぎ

こごみ

スナップエンドウ

小ねぎ

たけのこ

わけぎ

ニラ

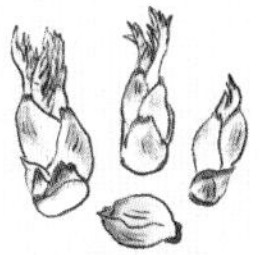
たらの芽

せとか（柑橘系）

ふきのとう

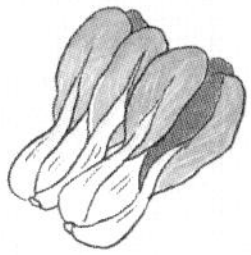
チンゲン菜

パイナップル

三つ葉

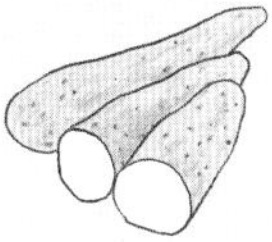
長芋

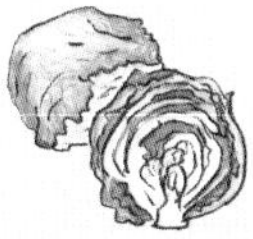
レタス

菜の花

同じ野菜でも、旬の時期は安価で買えて、そのとき必要な栄養がつまっています。
上手に旬の野菜を選んで、賢く食べるようにしましょう。

山菜の季節
が到来

3月

MARCH

3月3日の「ひな祭り」（桃の節句）からはじまり、春の訪れを感じ、あたたかくなってきた頃、1年のうちで昼と夜が同じ長さになる「春分の日」を迎えます。

「春分の日」（毎年3月20日もしくは3月21日）を挟んだ7日間を「春のお彼岸」として、昔からお供え物として、肉や魚を使わないぼたもちや、「精進揚げ＝天ぷら」を食べる習慣があります。

そんな3月のおいしい旬を見ていきましょう。

3月の野菜

たけのこ

ぜひ生で食べてみて

旬は3月～5月

たけのこは竹の地下茎から出てくる若い芽のことを指します。

保存がきく水煮や加工品ではなく、生のたけのこを食べることができるのは3月～5月頃までです。

鮮度が命の食材で、収穫から時間が経つと、えぐみ（あく）であるシュウ酸の含有量がどんどん増えていき、切り口が変色していきます。

鮮度が落ちたたけのこは食味も悪くなるので、鮮度のいいうちに食べ切りましょう。**たけのこは、カリウムを多く含んでいるので、体内の余分な塩分を排出する効果が期待できます。**

調理の際は、米ぬかとうがらしで長時間煮込んで、あく抜きをしてから料理に使用します。

手間はかかりますが、生のたけのこは水煮とは旨みや食感が違います。

春にしか食べられない食材なので、ぜひお試しください。

「たけのこの炊きこみご飯」がおすすめです！

青髪のテツ
より

ポイント

あく抜きは米ぬかで

たけのこをおいしく食べるには、まずあく抜きが大事。
あく抜きは重曹でも代用できますが、重曹特有のにおいが残ったり、苦味が出ることがあります。
また、食感がやわらかくなりすぎる可能性があるので、米ぬかを使用してあく抜きをするほうがおすすめです。
精米機のある場所に行けば「米ぬかはご自由にお持ち帰りください」と書かれていると思いますので、活用してみてください。

3月の野菜

天ぷら以外でも大活躍！

たらの芽

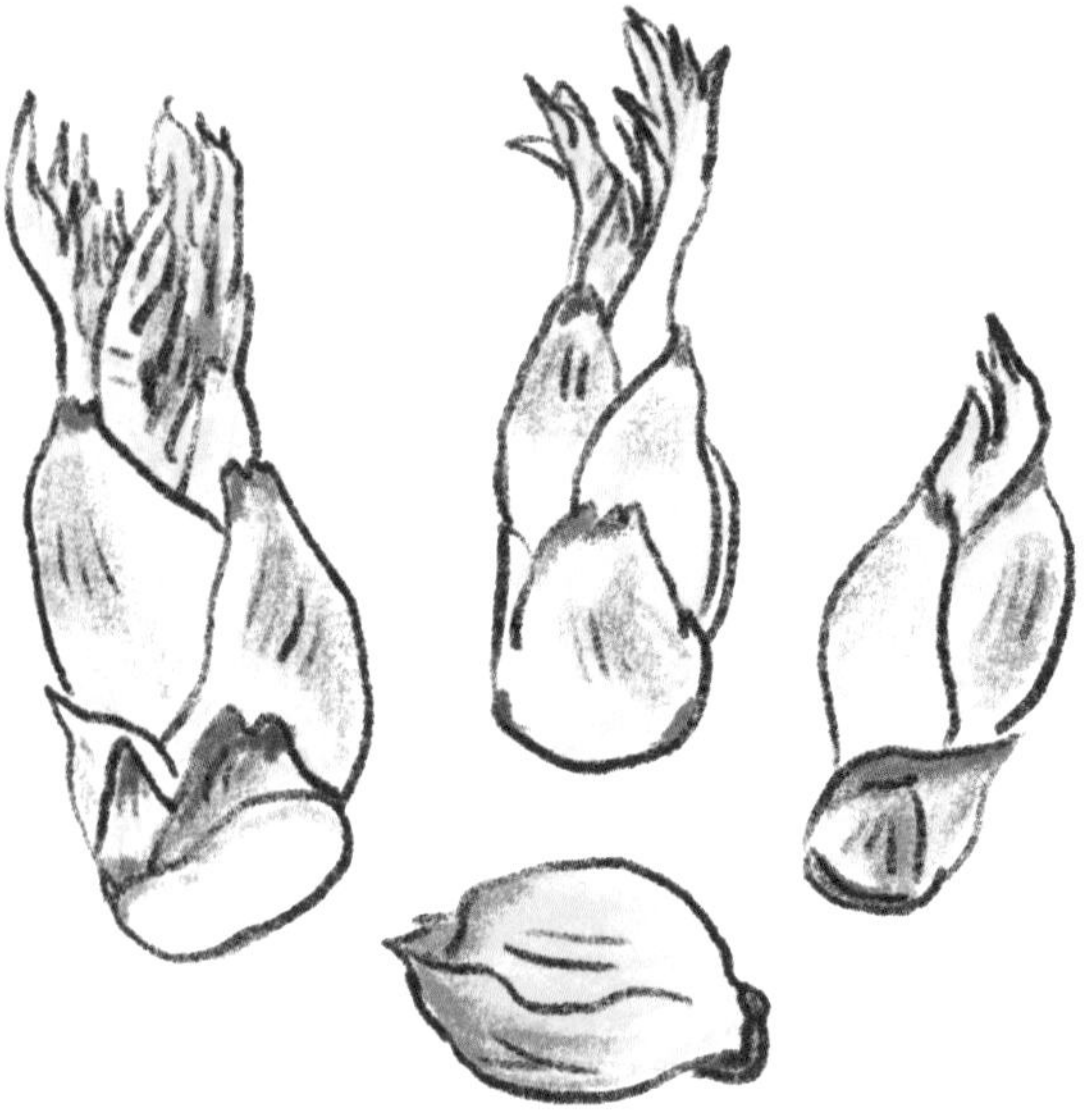

旬は2月～4月

たらの芽を、スーパーで見かけたことはありますか？

たらの芽とは、「タラノキ」という落葉樹《らくようじゅ》の新芽のことです。

日本各地の山野《さんや》で自生しており、滋賀県近江市永源寺地区ではビニールハウスで栽培されて出荷されています。

ほかの山菜と比較すると、たらの芽はタンパク質が豊富で葉酸を多く含むため、造血効果があり、特に妊

娠初期の妊婦さんにおすすめの春野菜です。

また、ほどよい苦味ともっちりとした食感があり、「山菜の王様」と呼ばれています。

12月から出荷され、6月上旬まで販売されますが、品揃えのいいお店を除いた一般のスーパーで見かけるのは2月〜4月頃になります。

こごみやわらびなど、山菜を使った春のお彼岸の天ぷらと一緒に、ぜひたらの芽も味わってくださいね。

私も、たらの芽の天ぷらが大好きです！

青髪のテツより

ポイント

たらの芽は、こうしていただく

たらの芽は、天ぷら以外にも肉巻きや炒め物、和え物、おひたしにすることもできます。
とはいっても、下処理のやり方がわからないという人もいるでしょう。
下処理としては「袴《はかま》」といわれる赤茶色い部分や、トゲを包丁で落とすこと。
あくが気になる場合は、塩を入れた熱湯で2〜3分ゆでることであく抜きができます。

3月の野菜

菜の花

咲きかけているものはNG

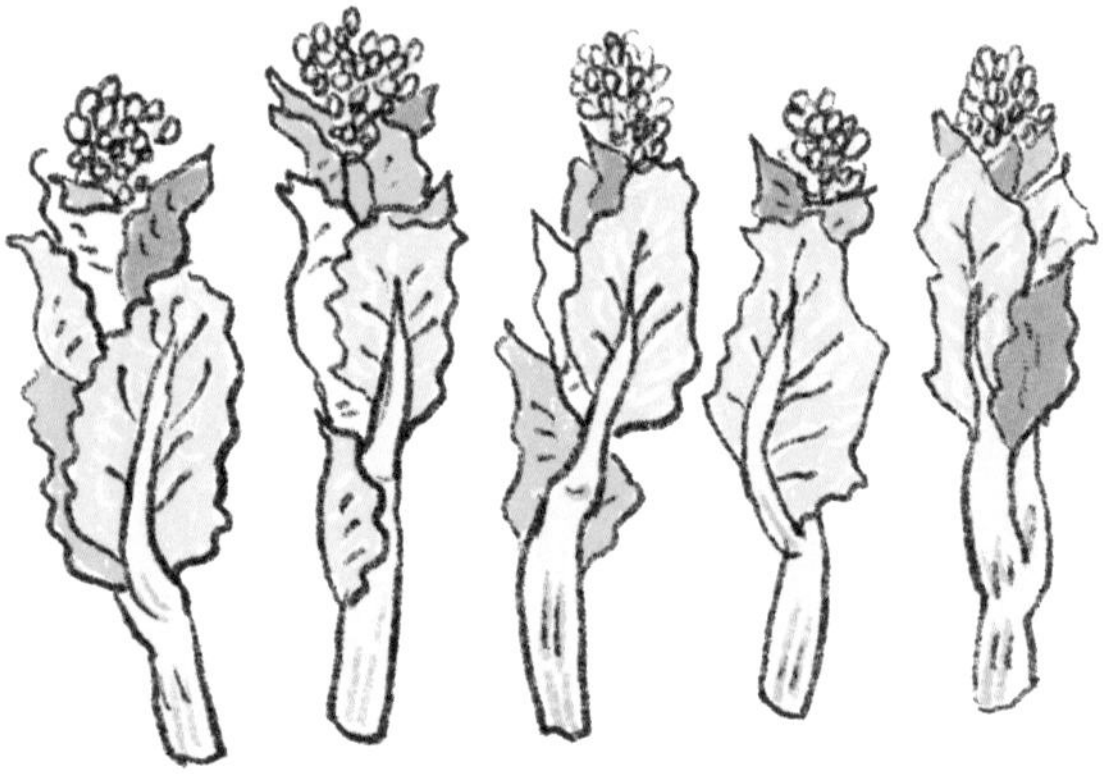

旬は1月〜3月

菜の花は1月〜3月が旬で、アブラナ科の野菜。

アブラナ科とは、春に黄色い花を咲かせる植物を指し、キャベツ、小松菜、白菜、水菜なども含まれ、厳密には「菜の花」という名前の花は存在しません。

千葉県や茨城県、四国を中心に栽培されるアブラナの「菜の花」は、スーパーの食品売り場にて、3月頃に出回ります。

観賞用の菜の花も、桜の開花時期に楽しむことができるでしょう。

出回る期間はとても短く、3月下旬頃になると、全体的に硬くなってくるため、おいしく食べられる期間は1ヵ月間ほどしかありません。

つぼみが硬く閉じていて、全体的に黄緑色をしているものは鮮度がいい状態です。

逆に花が咲きかけているものは鮮度が落ちているといえます。

ぜひこのチャンスに、菜の花を味わってみてくださいね。

私は、菜の花とマグロを和えたサラダがお気に入りです！

青髪のテツより

ポイント

菜の花は、こうしていただく

- おひたし
- 和え物
- パスタ

オリーブオイルとの相性もよく、豚肉やベーコンと炒めてもおいしいですね。

3月の野菜

長芋

春掘りだから味が濃い

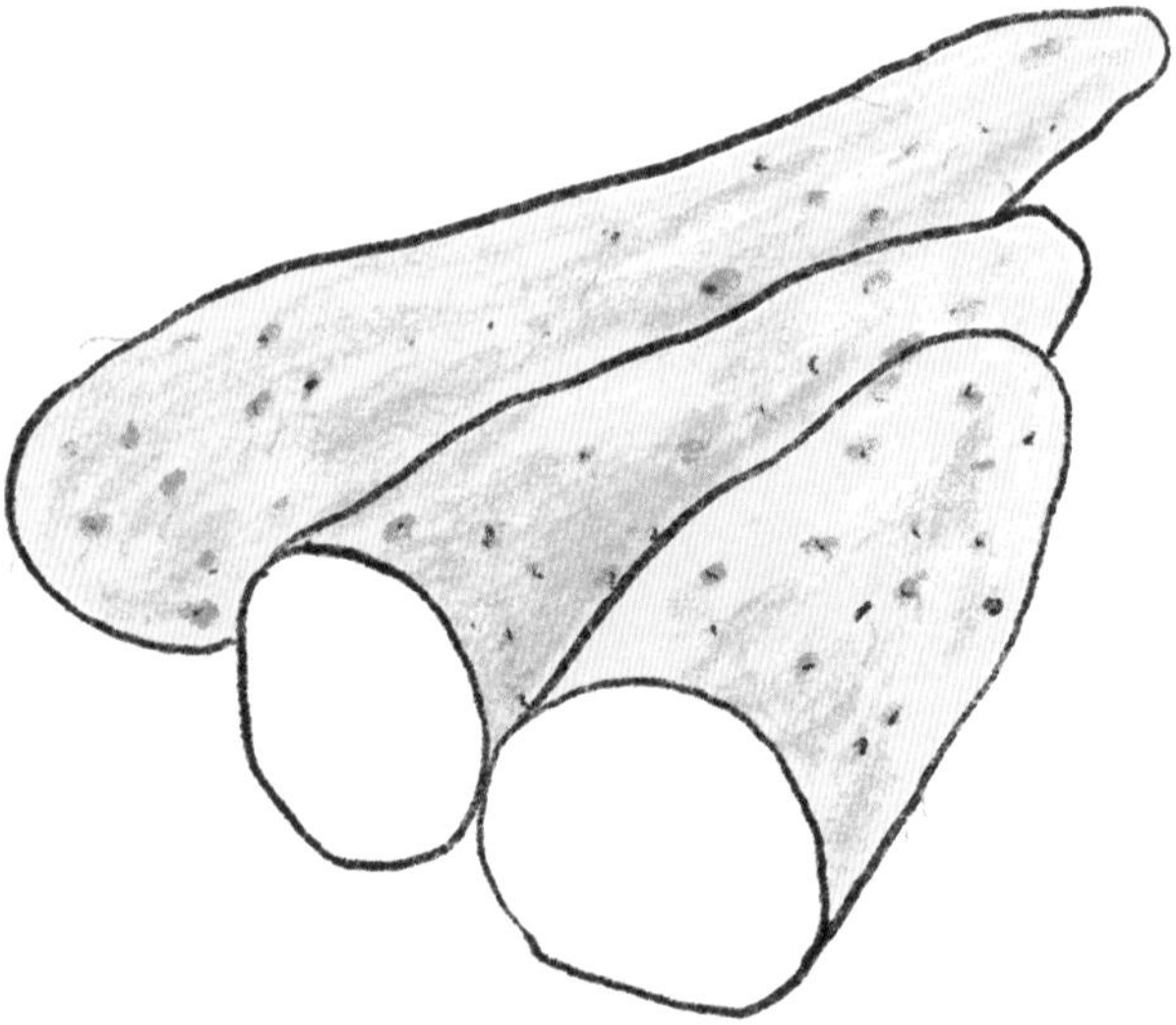

旬は3月〜4月、11月〜2月

長芋には「秋掘りの長芋」と「春掘りの長芋」があります。

どちらもおいしいのですが、私個人としては、3月頃に出回りはじめる「春掘りの長芋」をおすすめします。

育ったばかりの長芋をすぐに収穫するのが「秋掘りの長芋」ですが、秋にあえて収穫せず、寒さの厳しい冬を乗り越えさせ、春になってから掘り起こすのが「春掘りの長芋」です。

冬の間は0℃近い低温の土の中で休

眠し、でんぷんが糖に変換しています。

すると、旨味や甘味などの味が濃くなり、水分が少なくなって粘り気も強くなっていきます。

長芋には疲労回復効果のあるアルギニンをはじめ、体内の塩分を排出してくれるカリウムも多く含みます。

同時に、「山のうなぎ」と呼ばれるほど滋養強壮作用があるので、風邪を引いたときや元気が出ないときに漢方薬としても利用されていました。

ポイント

長芋は、こうしていただく

長芋の調理方法は、すりおろしてご飯にかけて食べる「とろろご飯」だけではありません。

- 長芋ステーキ
- 長芋の漬物
- フライド長芋
- 長芋のお好み焼き（とろろ焼き）
- 長芋キムチ
- 長芋グラタン

などでも、おいしくいただけます。

また、サラダでマグロと和えるやまかけで食感を楽しむこともできます。


元気がないときは、おくらと納豆と長芋のネバネバ丼一択！

青髪のテツより

3月の野菜

わけぎ

隠れファン多し！

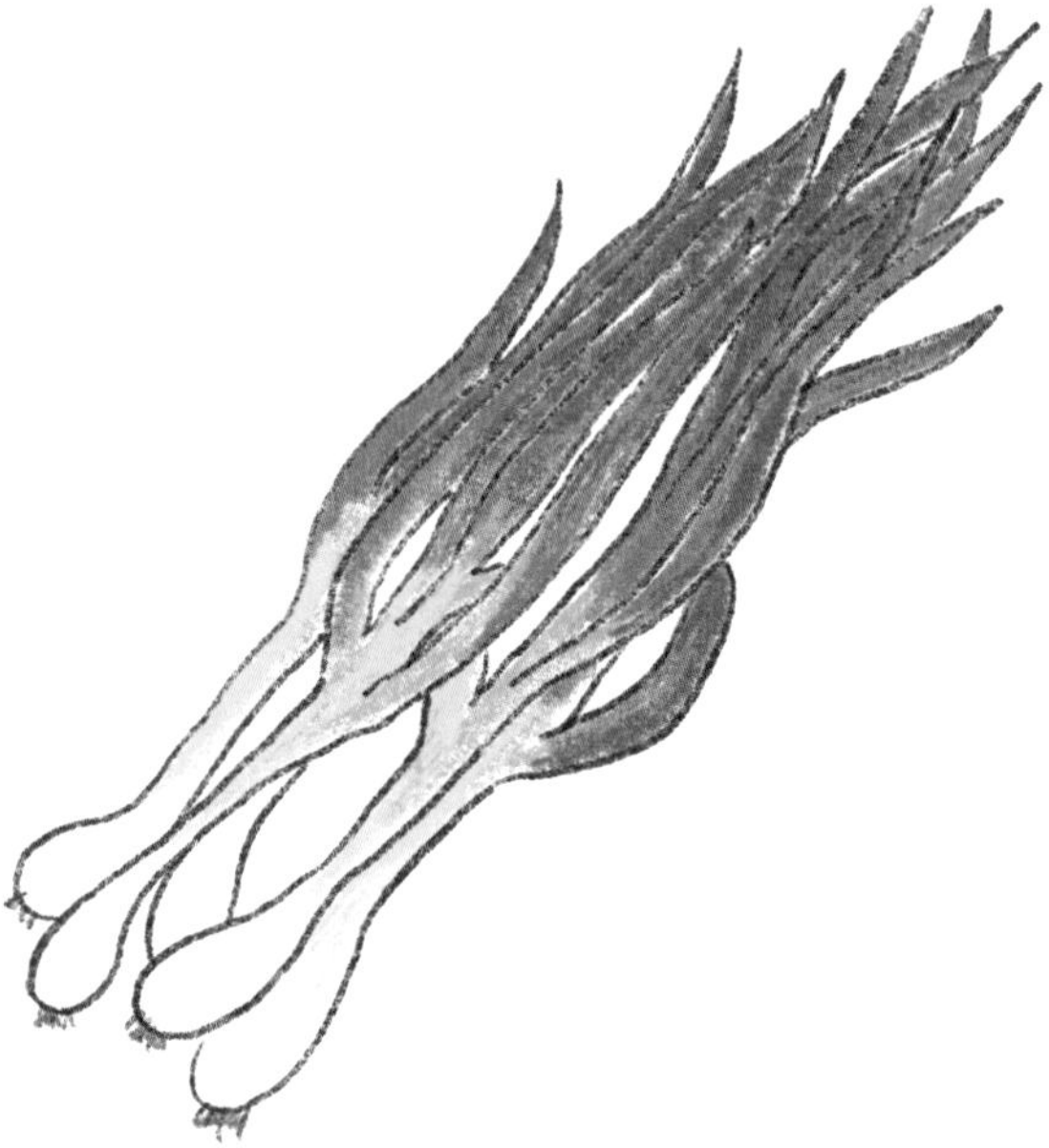

旬は3月〜4月

わけぎとは、玉ねぎとねぎを交配して生まれた品種で、玉ねぎやねぎにあるようなツンとした辛みは少なく、ねぎと比べるとややマイルドで食べやすいのが特徴です。

よく枝分かれすることから「わけぎ」と名付けられました。

ひとつの球根からたくさんの葉が茂ることから、「子宝に恵まれる」＝「子孫繁栄」の意味をこめて、3月のひな祭りには、わけぎを酢味噌

で和えた「わけぎのぬた」を食べる習慣があるようです。

簡単に作り方を紹介しますね。

①わけぎをさっとゆでて冷まし、食べやすい長さにカットする。

②酢と白味噌（１：１）を合わせる。

また、7月の半夏生《はんげしょう》（毎年7月2日頃）では、「稲の根がタコの足のようにしっかり根づく」という意味もこめて、わけぎとタコを一緒にぬたにしていただく習慣もあります。

ポイント

わけぎは、こうアレンジ

わけぎは、ナムルやパスタの具、炒め物、チヂミ、お味噌汁などさまざまな料理に使うことができます。また、以下のような、ぬた（酢味噌和え）のアレンジもできます。

- わけぎとイカのぬた
- わけぎと油揚げのぬた
- わけぎとわかめのぬた
- わけぎとまぐろのぬた
- わけぎとほたてのぬた

私のお店でも「今日わけぎない？」と聞かれるほどわけぎのファンが多いです！

青髪のテツより

3月3日 ひな祭り

「ひな祭り」は「上巳節《じょうし》（中国の五節句のひとつ）」に邪気が入りやすいとされ、人の代わりに人形に厄災をはらってもらうために、人形を川に流す「流しびな」が由来になっているという説や、平安時代に宮中の女の子が遊んでいた人形「ひいな」が由来になっているという説があります。

日本では「お祝いごとには寿司を食べる」という習慣があるため、特に見た目が華やかなちらし寿司は、女の子の美しく健やかな成長を祈る「ひな祭りの行事食」としてふさわしいとされてきました。

ただ、関東と関西のちらし寿司は内容が異なるようです。

関東では酢飯の上に海鮮類をのせているのに対し、関西では酢飯に小さく切った具材を混ぜて、錦糸卵や海苔を振りかけたものになります。

次のページでは、おしゃれな「ちらし寿司ケーキ」の作り方をご紹介します。

レシピ

ちらし寿司ケーキ

材料

米……２合
すし酢（酢大さじ３　砂糖大さじ１と1/2　塩小さじ１）
卵……２個
塩……ひとつまみ
桜でんぶ、きぬさや（色よくゆでる）
具（サーモン、いくら、鯛、えびなどお好みで）
＊ケーキの型に薄くサラダ油を塗っておく

作り方

1　炊きたてのご飯にすし酢を混ぜ合わせる。卵に塩ひとつまみを混ぜ、薄焼きにし、細く切り、錦糸卵にする。
2　ケーキの型に酢飯半量を平たく盛り、桜でんぶをのせ、残りの酢飯を盛り、軽く表面をなじませる。
3　お皿を重ねて裏返し、ケーキの型から外し、桜でんぶ・錦糸卵を広げて、上に具を盛りつけ、きぬさやを飾る。

3月下旬

春のお彼岸

お彼岸には、「春のお彼岸」と「秋のお彼岸」があります。

3月の春のお彼岸は、「春分の日」を中心とした7日間を指しますが、「春分の日」が年によって異なるため、「春のお彼岸」の期間も、毎年変わります。

そもそも「お彼岸」という名前は、「波羅蜜《はらみつ》」（菩薩が仏になるために行う修行を指す仏教用語）と同じ意味を持つ「到彼岸」から由来しているそうです。

「彼岸」とは、亡くなった方々のいる「極楽浄土」のこと。

お彼岸では、ご先祖さまの霊を供養するため、お墓参りや、お墓の掃除、お仏壇のお参りとお供え、他家へのお参りとお供えをします。

この時期は、仏教の教えにならって、肉や魚を使った料理は避けることが多いもの。

そのため、お彼岸では精進料理、そばやうどん、お赤飯、寿司、おはぎやぼたもちを食べます。

さらに春のお彼岸では、たけのこ、ふきのとう、たらの芽といった山菜の天ぷらを食べる習慣があります。

飲食店でも季節のメニューとして出しているところもあるでしょう。

ぜひチェックしてみてくださいね。

桜とともに
季節を感じよう

4月

APRIL

４月上旬には入学式や入社式があり、桜やすみれが咲きはじめ、清々しい気持ちになりますよね。

桜が咲けば、お花見の時期です。

お花見に、旬の野菜や果物を使ったお弁当をいただくのもいいでしょう。

旬の野菜には、その時期に必要な栄養が豊富に含まれていて、体の調子を整えてくれます。

スーパーに並びはじめる色鮮やかな春野菜を体に取り入れて、元気に過ごしましょう。

4月の野菜

鮮度に注意
スナップエンドウ

旬は4月〜6月

「スナックエンドウ」とも呼ばれるスナップエンドウは、グリーンピースを品種改良したものって知っていますか？

スナップエンドウは鮮度の劣化が早いので、なるべく早く食べ切ってくださいね。

購入したあと、すぐに食べない場合は、ヘタと筋を取ってから、塩でゆでて冷凍保存をすることをおすすめします。

スナップエンドウは、和えもの、ポタージュ、卵とじにしてもおいしいです！

青髪のテツより

ポイント

エンドウの種類、知っていますか？

絹さやも、グリーンピースも、スナップエンドウも、収穫する時期が異なるだけで、すべて同じ「エンドウ」なんです。

絹さや

豆が大きくなる前に若取りした、サヤごと食べるものを「サヤエンドウ」と呼ぶ。絹さやはその代表品種。

グリーンピース

サヤエンドウが成長し、豆だけを食べるもの。さらに熟した実が「エンドウ豆」。

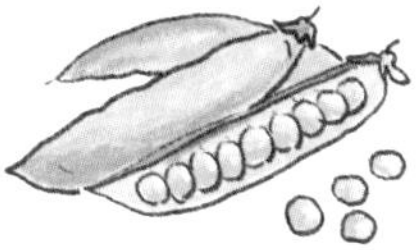

スナップエンドウ

グリーンピースを品種改良して、豆が成長してもサヤが硬くならずサヤごと食べられるようにしたもの。

4月の野菜

ニラ

「一番ニラ」を選ぼう

旬は3月〜5月

ニラは1年中出回っていますが、実は3月〜5月が旬の野菜です。

なかでも「一番ニラ」といって、はじめに刈り取られたニラは糖度が高く、水分量も多く含んでいます。

4月のこの時期、スーパーに行き、幅が1㎝以上あるものが一番ニラの可能性が高いでしょう。

「一番ニラはほかのニラと比べても別格のおいしさがある」とニラ農家さんからも太鼓判を押されています。

ポイント

ニラは部位で栄養が異なる

根元：みじん切りがベスト

根元は葉先の4倍ほどの「硫化アリル」という成分が含まれていて、細かく刻むことで、この「硫化アリル」が空気にふれて、「アリシン」という成分に変化します。

この「アリシン」は血液をサラサラにしてくれる効果が期待できる成分です。

また、ビタミンB1の吸収をグンと高めてくれるので、ビタミンB1が豊富に含まれている豚肉と一緒に食べるのがおすすめですよ。

葉先：ザク切りがベスト

葉先にはビタミン類が豊富に含まれていて、細かく刻むと、ビタミン類が水分と一緒に溶け出してしまうので、葉先は大きくザク切りにするといいでしょう。

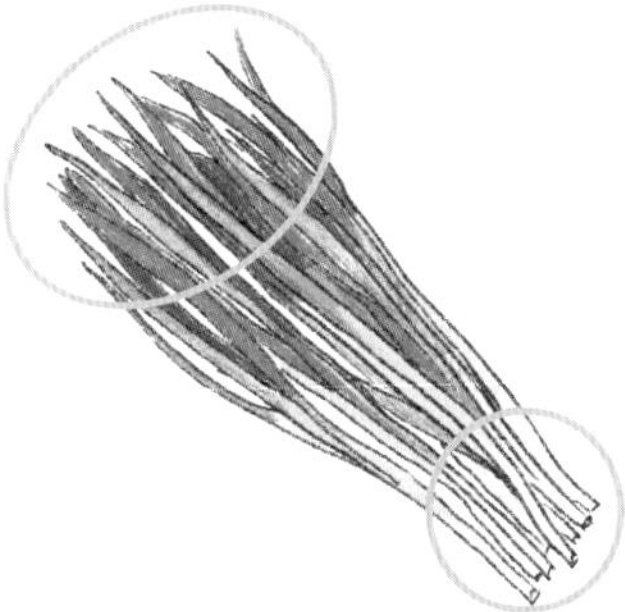

ニラ玉、チヂミ、レバニラなど、さまざまな料理の主役となります！

青髪のテツより

4月の野菜

三つ葉
天ぷらで主役も張れる

旬は3月〜5月

「三つ葉、あんまり食べないなぁ」という人もいるかもしれません。

でも、そんな人こそ、旬の時期に味わってほしいと思っています。

三つ葉は、にんじんやパセリなどと同じセリ科の植物です。

1枚の茎に3枚の葉をつけることから、「三つ葉」と呼ばれるようになりました。

三つ葉には独特の香りがあり、その香りには、イライラを抑制した

り、食欲を増進させる効果が期待できるといわれています。

三つ葉を買うときは、次の①〜③に注意して、新鮮なものを選んでみてください。

①葉先までピンとしている
②葉が鮮やかな緑色をしている
③葉がしっかりしていて、腐って溶けているものがない

また、三つ葉は家庭菜園も可能な、栽培しやすい野菜なので、ベランダで育ててみてもいいですね。

ポイント

三つ葉は冷凍可能

次の3ステップで保存してください。
①よく洗う
②ザク切りにする
③冷凍保存袋に入れて冷凍庫に入れたらＯＫ！
「お吸い物」はもちろん、「茶碗蒸し」や「親子丼」にも添えられることが多いですよね。
天ぷらにしてもおいしいですし、うな重やしじみ汁とも一緒に召し上がってみてください。

三つ葉は年末になると値段が3倍に！　安い時期に買って冷凍保存しましょう。

青髪のテツより

4月の果物

柑橘系でイチ押し！
せとか

旬は1月〜4月

「せとか」という果物、聞いたことはありますか？

せとかは柑橘の一種。

春には国産の柑橘が種類多く出回りますが、その中で特におすすめなのが、愛媛県、和歌山県、佐賀県を産地とした「せとか」です。

1月〜4月に旬を迎え、「柑橘界の大トロ」という異名をもつほど、糖度が高く、酸味は控えめ。

オレンジのようないい香りをして

いて、果汁が多いので口に入れると濃厚でジューシーな果汁を存分に楽しむことができ、お子様でも食べやすいでしょう。

スーパーの現場で売るときも、味に自信を持って販売している柑橘になります。

お花見の時期のお弁当のデザートにぴったりなので、桜の下で食べていただけると、より春を感じることができるのではないでしょうか。

ポイント

柑橘系には、こんな種類がある

ひとつの目安として参考にしてください。

- せとか：手で皮をむける。甘味☆☆☆☆。
- 文旦《ぶんたん》：ほのかな苦みがある。手で皮をむけない。種があるものが多い。甘味☆☆。
- 甘夏：苦みもあるさわやか系。種あり。手で皮をむきにくい。甘味☆☆。
- 八朔《はっさく》：苦みがあるさわやか系。種あり。手で皮をむきにくい。甘味☆☆。
- デコポン：酸味はあまりない。種はほとんどない。手で皮をむける。甘味☆☆☆☆。

せとかは、これまで八百屋をしていて「一番おいしい柑橘」だと思っています。

青髪のテツより

初夏を
いただこう

5月

MAY

5月5日の端午の節句、つまり子供の日では、子孫繁栄や健康を願って、関東では「柏餅」、関西では「ちまき」を食べる習慣があります。

同時期に、スーパーでは、夏野菜が並びはじめます。ゴールデンウィークの長いお休みの日は、春野菜や早めの夏野菜を持ち寄って、バーベキューをするのもいいですね。

また、5月の第2日曜日には「母の日」があり、カーネーションをプレゼントする人もいるでしょう。

5月の野菜

小ねぎ

細ねぎ・万能ねぎ、全部同じ！

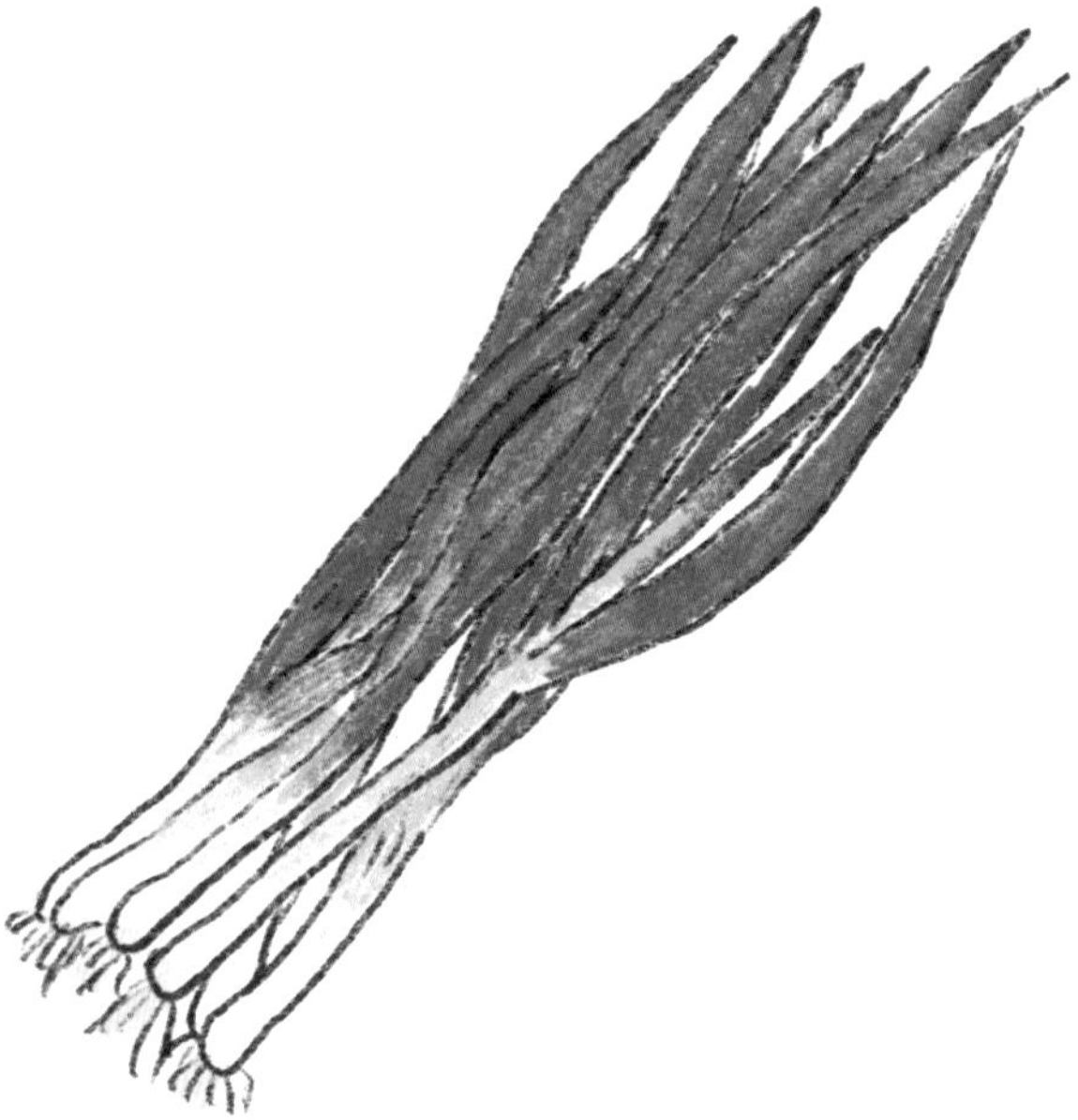

旬は5月

小ねぎは1年中スーパーで見かけることができますが、特に流通量が多い旬の時期は5月です。

旬の時期ですと、より安価でおいしくいただけるでしょう。

また、この小ねぎは、葉ねぎを若穫りしたもので、「細ねぎ」や「万能ねぎ」とも呼ばれます。

すべて、単に呼び方が違う、あるいは一部地域のブランド名というだけで、基本的には同じものを指します。

年末は年越しそば用の「カットねぎ」が、通常の10倍以上売れるお店もあります。

青髪のテツより

ポイント

ねぎにはこんな種類がある

太いねぎ

加熱すると甘みがさらにUP。炒め物、煮物に最適。

- 白ねぎ：「長ねぎ」とも呼ばれるねぎで、おもに東日本で栽培されている。根元の白いところが大部分を占める。
- 九条ねぎ：京野菜のひとつ。やわらかくて甘みがある。

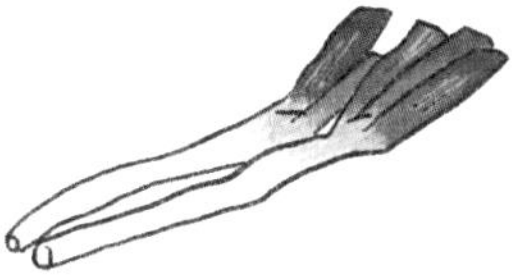

細いねぎ

仕上げにパラパラとのせて、料理の見た目を華やかにする、薬味として味をつけるのに最適。

- 青ねぎ：緑色の割合が多いねぎ。おもに西日本で栽培されている。
- あさつき：辛みが強く、「ねぎ」と玉ねぎが交雑したもの。
- わけぎ：あさつきと同様、「ねぎ」と玉ねぎが交雑したもの。

5月の野菜

皮ごと食べよう
新じゃがいも

旬は3月～6月

普通のじゃがいもは、葉が枯れるまで土の中で熟成してから出荷されています。

それに対し、新じゃがいもは、葉が黄色くなった状態で収穫され、収穫後はすぐに出荷されます。

そのため期間が限られており、3～6月しか食べることができません。

また、新じゃがいもは、普通のじゃがいもより皮が薄く、小さくてやわらかいのが特徴です。

新じゃがいもも、普通のじゃがいもも、皮付近には栄養が多く含まれていますが、新じゃがいもは皮が薄く、食べてもほぼ気にならないので、よく洗って皮ごと食べることをおすすめします。

でも、食べるときはきちんと芽は取り除いてくださいね。


新じゃがいもを皮ごとオーブンで焼く「揚げないオーブンポテト」がおいしい！

青髪のテツより

ポイント

普通のじゃがいもとどう違う？

普通のじゃがいも

しっかり熟成されているぶん、味がしっかりしていて皮も厚い。

新じゃがいも

熟成の工程を省いているので、一般的なじゃがいもと比べるとでんぷんの量が少なく、味は淡白です。そのぶん皮が薄くて、やわらかいという特徴があります。

新じゃがいもは光に当たり続けると緑化しやすいので、保存するときは、1個ずつ新聞紙に包み、保存袋に入れて野菜室で保存してください。

5月の野菜

新玉ねぎ

水にさらさないで！

旬は4月〜5月

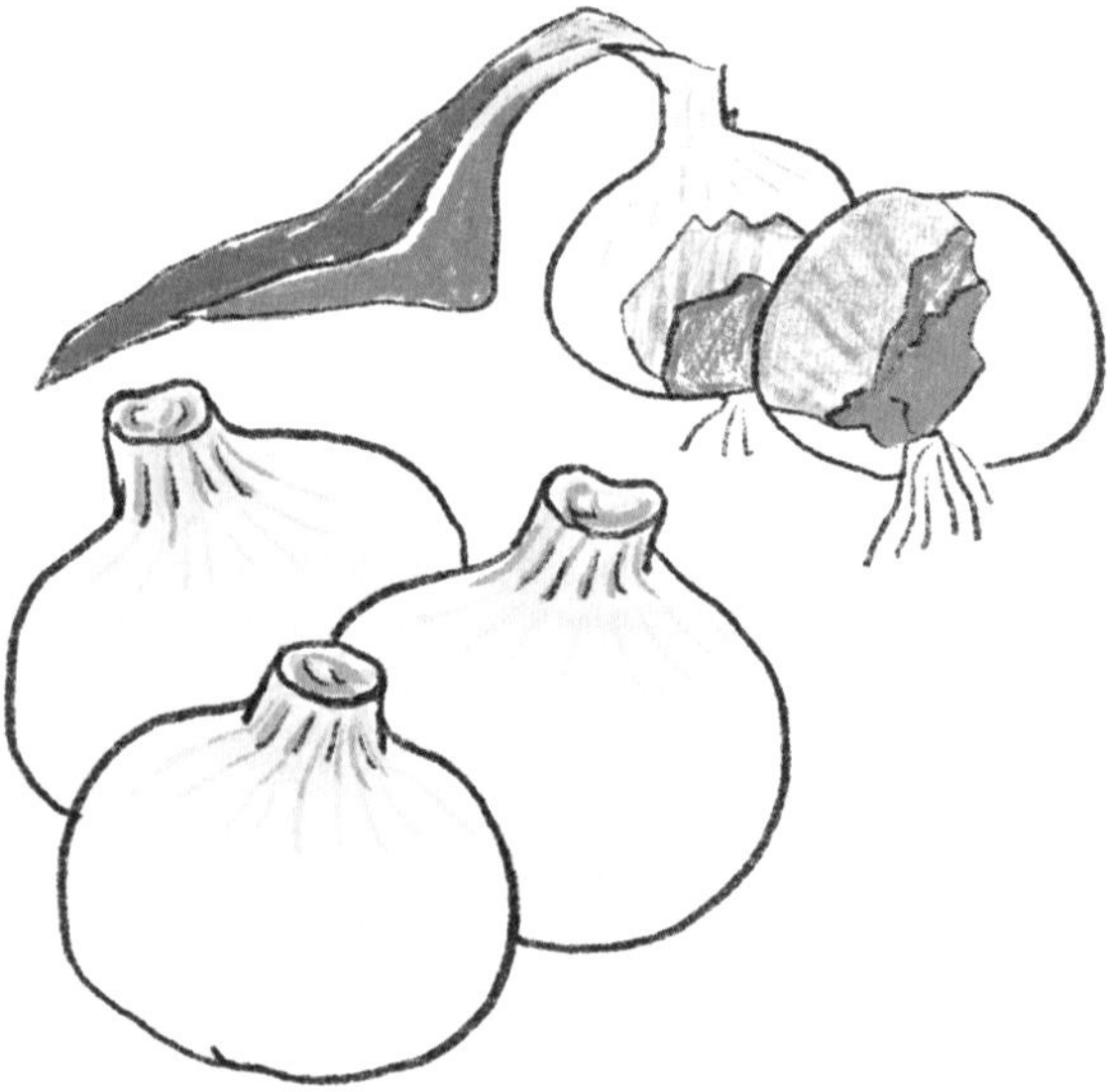

新玉ねぎは4月〜5月にしか食べることができない旬のごちそうです。

普通の玉ねぎより色が白く、辛みが少ないという特徴があります。

栄養価は、通常の玉ねぎとそう変わりませんし、辛味のもとである「硫化アリル」も、新玉ねぎにも同様に含まれています。

水分量が多いので、みずみずしく、やわらかく感じられるでしょう。

水分が多いぶん、通常の玉ねぎと

比べると長持ちさせにくいというデメリットがあります。

保存状態が悪いと数日でカビが生えてしまうこともありますが、ペーパーに包み、保存袋に入れて「野菜室」で保存することで多少長持ちさせることができます。

水にさらすと栄養が溶け出てしまうので、水にさらさないで、そのまま食べるようにしてくださいね。

空気にさらすことで、辛味をおさえつつ、栄養をしっかり摂取することができます。

ポイント

生でも焼いても、新玉ねぎが大活躍

新玉ねぎはゴールデンウィークの「おうちバーベキュー」のメニューとして、焼いて食べてもおいしいですし、炒め物にも、カレーにも、GOOD。
本来のみずみずしさを楽しめる「サラダ」や「ピクルス」にしてお肉の口休めのサッパリとした一品として食べてもいいですね。
丸ごとレンジ蒸しにしても、丸ごとスープにしても格別です。

新玉ねぎはサラダもいいですが、炒め物、煮物、お味噌汁の具にしてもOK!

青髪のテツより

5月の果物

5月が一番
パイナップル

旬は5月

パイナップルの語源、知っていますか？

「パイナップル」とは「pine（松）」と「apple（りんご）」を組み合わせたものだといわれています。

海外からの輸入物が多い中、5月には沖縄産のものが出回ります。

食物繊維とビタミンを豊富に含むパイナップル、ぜひ積極的に食べてみてくださいね。

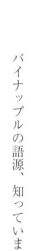

ポイント

自宅でカットしよう

カットした果物は、そのぶん値段が高くなりますので、玉売りを買ってカットすることをおすすめします！

切り方のコツ

①４分の１にカット。

②頭とお尻をカット。

③芯をカット。

④皮を切り落とす。

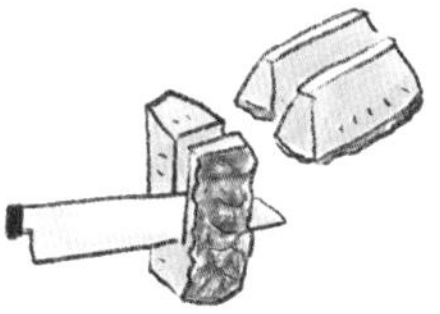

⑤食べやすいサイズにカットして、いただく。

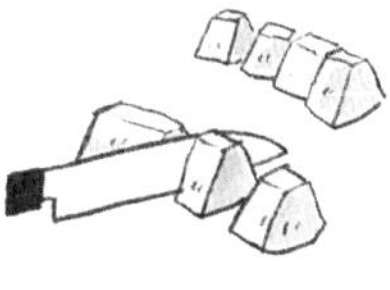

食べ切れなかったときは、冷凍保存がおすすめ！

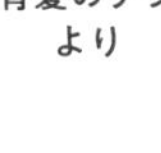

青髪のテツより

4月末〜5月頭　ゴールデンウィーク

ゴールデンウィークは、ご存知の通り、「昭和の日」「憲法記念日」「みどりの日」「こどもの日」と祝日が続く時期を指しています。

4月末〜5月頭のこの大型連休には、家族で楽しい時間を過ごしたいところですよね。

そこで私が提案するのが「おうちバーベキュー」です。

もちろん、野外でのバーベキューもいいのですが、家族でお庭やベランダでバーベキューをするのもまた楽しいもの。

おうちバーベキューでぜひ食べていただきたい野菜は「ヤングコーン」「アスパラガス」「そら豆」「新玉ねぎ」「新じゃがいも」です。

次のページで、各家庭で簡単に作れる「新じゃがいものホイル焼き」をご紹介しますね。

レシピ

新じゃがいものホイル焼き

材料

新じゃがいも、バター……適量

作り方

1 新じゃがいもは、きれいに水で皮ごと洗う。芽は取り除く。

2 アルミホイルに包み、炭火の上にのせる。

3 新じゃがいもに火が通って、やわらかくなったらホイルを開き、バターをのせる。

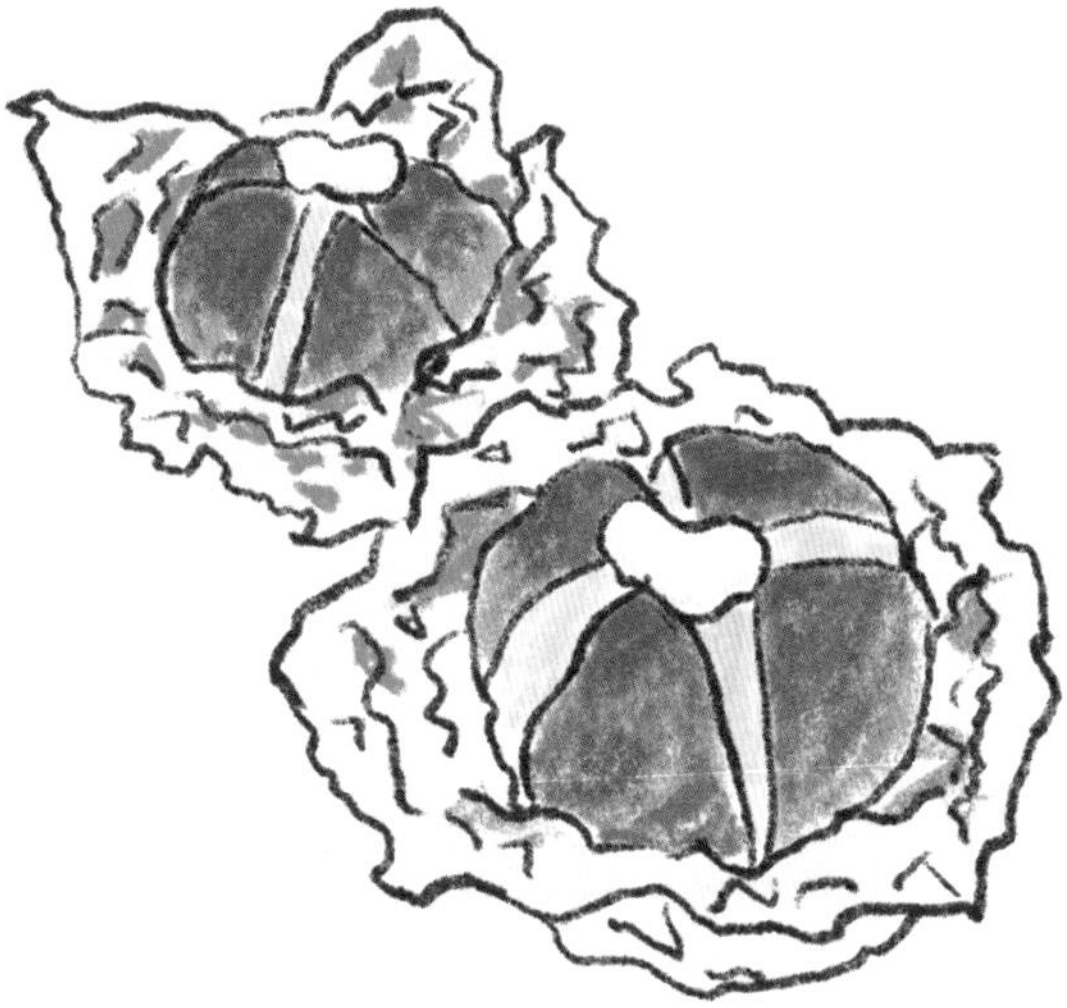

5月第2日曜日 母の日

母の日は、アメリカ・ウェストヴァージニア州の女性が亡き母を追悼するため、フィラデルフィアの教会で白いカーネーションを配ったことが起源といわれています。

最初はアメリカ全土で広まり、日本では母親に赤いカーネーションを贈る日として定着しました。

近年、プレゼントはカーネーションに限らず、「いろいろな花」や「雑貨」など多種多様になっています。

私たちスーパーの社員は、母の日には、花と一緒に、「宮崎県産マンゴー」や「ネットメロン」「ゴールドキウイ」など、「5月に出回る少し贅沢な果物」をプレゼントすることを提案しています。

日頃頑張っているお母さんと一緒に、「母の日」の時期ならではのおいしいフルーツを召し上がってみてはいかがでしょうか?

最近では、直接農家さんから、果物をインターネットで購入できるサービスもあります。

農家直送の果物は、鮮度がいいので贈られたほうは嬉しいですし、農家さんを応援することにもつながります。

ぜひ、カーネーションと一緒に、農家直送の果物やお花をプレゼントしてみてくださいね。

私は母の日に、メロンを購入し、家族でいただきました!

夏野菜

6月～8月の野菜・果物一覧

水分の多い夏野菜だから、凝った味つけをしなくてもOK。塩こしょうやポン酢など、調味料はシンプルにするのがおすすめです。

夏に旬を迎える野菜・果物

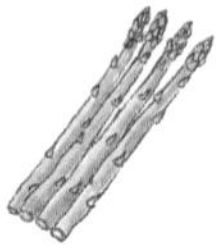

アスパラガス

インゲンマメ

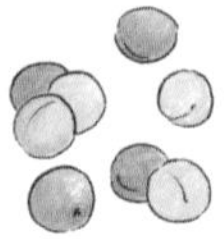

青梅

枝豆

大葉

おくら

キャベツ
（高原キャベツ）

きゅうり

ゴーヤー

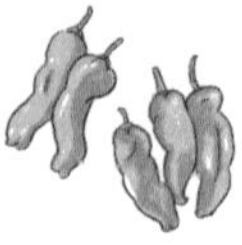

ししとう

スイカ

にんにく

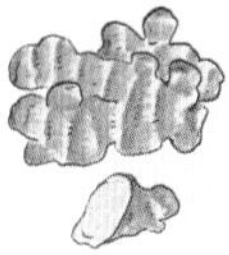
しょうが

ぶどう

パプリカ

ズッキーニ

桃

ピーマン

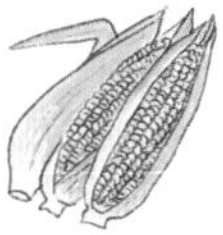
とうもろこし

メロン

らっきょう

トマト

さくらんぼ

なす

気温が高くなる夏の時期、購入した野菜をきちんと食べ切るよう、正しく保存して、おいしくいただきましょう!

ジメジメを
吹き飛ばそう

6月

JUNE

ジメジメと蒸し暑く、天気が変化して、体調を崩しやすい６月、野菜の力を借りて体調を整えましょう。

６月の第３日曜日は「父の日」。

お酒が好きなお父さんに、季節野菜を取り入れたおつまみを用意するのはいかがでしょうか。

梅が流通しはじめますので、「梅仕事」として、梅酒や梅シロップを漬けておくのもいいですね。

スイカがお店に並びはじめると、いよいよ夏が来たなという感じがします。

6月の野菜

枝豆

冷凍より、旬のものを食べよう

旬は6月～9月

ビールのお供でおなじみの、塩ゆでした枝豆。

冷凍でももちろんおいしいですが、6月の「鮮度のいい時期の枝豆」を味わってみませんか？

旬のものをすぐに調理したものはやはり風味や食感が違います。

枝豆には、メチオニンという成分が豊富に含まれています。

このメチオニンは肝臓のはたらきを助けることでアルコールを分解

し、**二日酔いを軽減する効果が期待できます。**

また、枝豆の主成分であるたんぱく質も、肝臓でアルコールを分解するときに必要になる栄養素。

また、ビタミンB1も多く、消化を助け、糖質をエネルギーに変えてくれる効果も期待できます。

そして枝豆には、たくさんの仲間がいます。

例えば、そら豆、茶豆、黒枝豆、白毛豆（青豆）など。

あなたのお気に入りの枝豆を見つけてみてくださいね。

個人的には、黒枝豆がお気に入りです！

青髪のテツより

ポイント

枝豆はレンジで加熱してOK

枝豆はゆでないでください！
塩もみして、600wのレンジで2分を2回加熱しただけでおいしく食べられます。
レンジで加熱した枝豆は、粗熱を取って保存袋に入れれば冷凍保存できます。

6月の野菜

青梅

「梅仕事」でシロップ作り

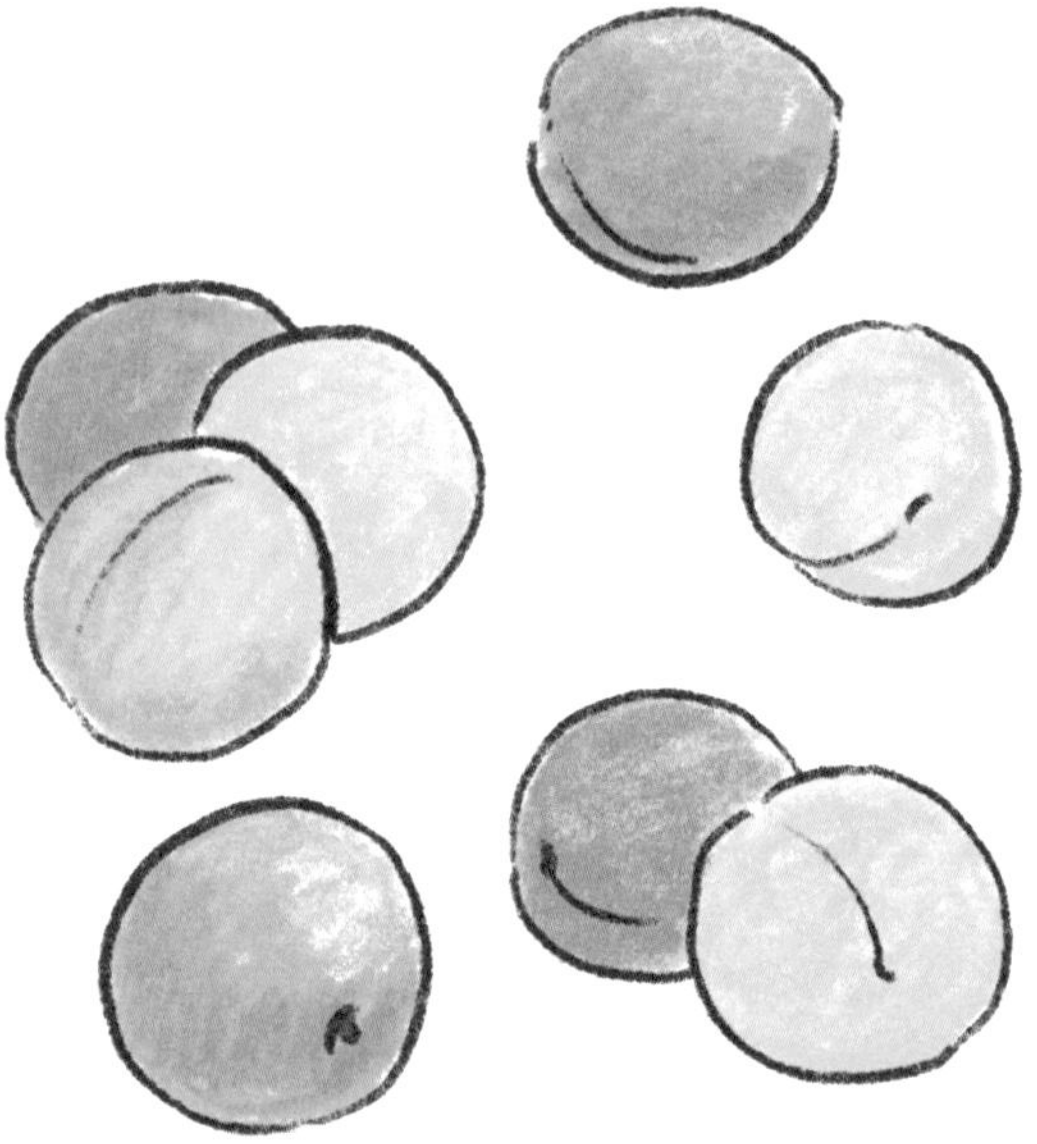

旬は6月

一般的に梅干しとされているのは、完熟梅を漬けこんで干したもの。

梅は、青梅→完熟梅（黄梅）と段階を踏んで熟していきますが、6月には青梅といって、熟す前の梅が並びます。

この青梅で梅干しや梅酒、梅シロップを作ることを「梅仕事」といいます。

6月にスーパーで、たくさんの梅

と一緒に、保存容器が販売されているのを見たことはありませんか？

保存容器と氷砂糖があれば、簡単に自家製梅シロップを作ることができます。

梅仕事ができるのは、1年で6月のこの時期だけ。

梅の酸味成分であるクエン酸は、疲労回復効果が期待でき、健康にもいい！

漬けておけば、年間ずっと楽しめる梅の保存食、ぜひ挑戦してみてください。

夏バテ気味の方は、梅を食べて暑い夏を乗り切りましょう！

青髪のテツより

ポイント

梅シロップを作ろう

①青梅（ヘタを取って、水気を拭き取る）と氷砂糖を同量用意する。

②消毒したガラス容器に青梅と氷砂糖を交互に入れていく。

③1週間～1ヵ月後、砂糖が溶けてなくなったらできあがり。

6月の野菜

しょうが

「新しょうが」を味わおう

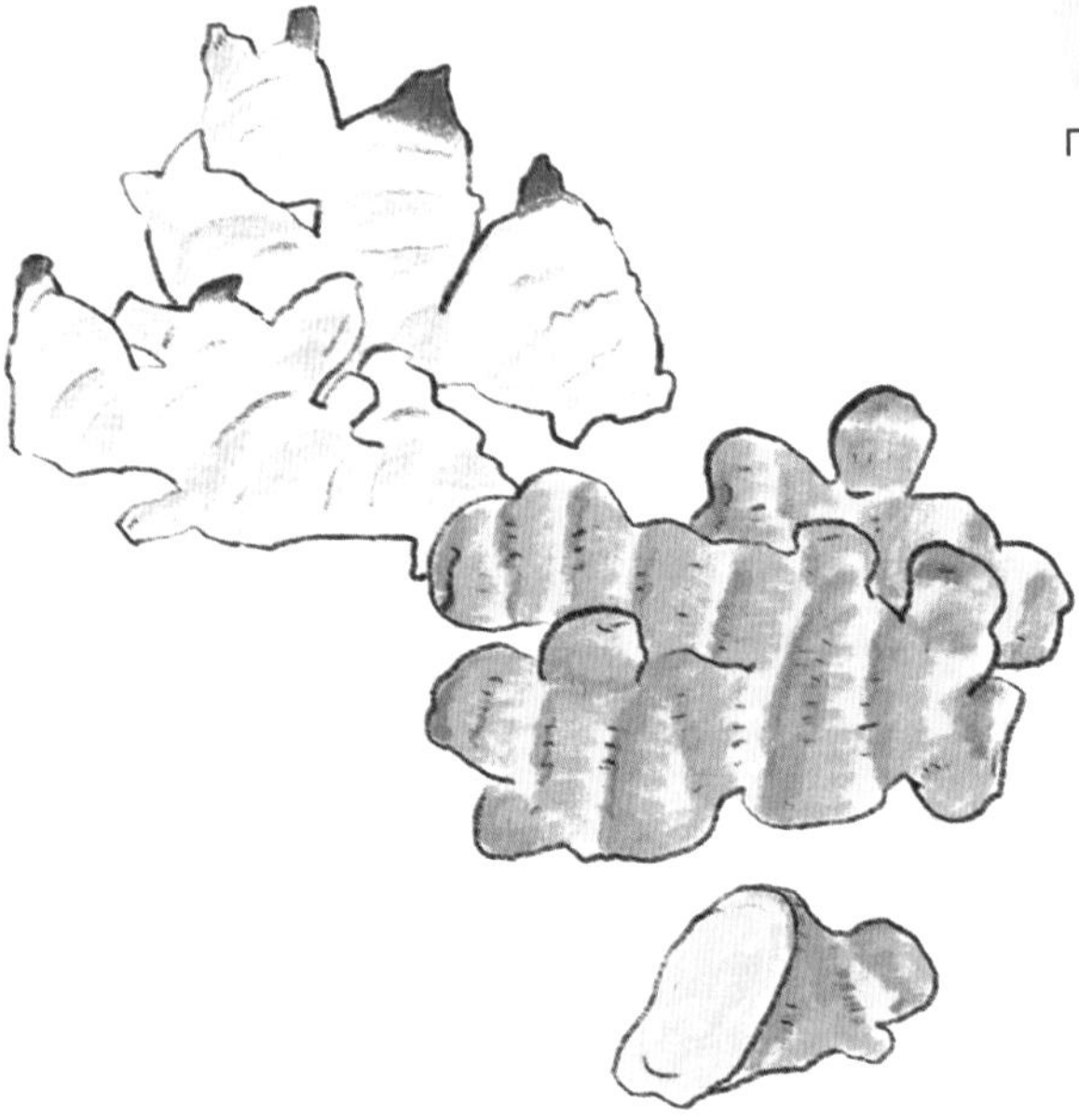

旬は6月〜10月、根しょうがは9月〜11月

新しょうがを除くしょうがは収穫から数ヵ月貯蔵されたものが1年中出回っていますが、しょうが（根しょうが）の旬は9月〜11月頃です。**新しょうがは収穫直後の新鮮なしょうがで、6月〜10月まで収穫されますが、夏の間しか品揃えしていないお店もあります。**

新しょうがはしょうがと比べて水分が多いため、シャキシャキとした食感を楽しむことができます。

ポイント

新しょうが・しょうがは、こうしていただく

新しょうが

- 甘酢漬け（ガリ）
- 炊きこみご飯
- 炒め物
- 肉巻き
- きんぴら
- かき揚げ

しょうが

- 定番の豚肉のしょうが焼き
- スープ
- ジンジャーエール
- しょうがシロップ
- 薬味
- かくし味にも……

臭み消しに

しょうがには抗菌作用があるので、よく馬刺しや刺身に添えられているのも理にかなっています。
肉や魚を料理するときに、刷り込んでおくことで生臭さが消えます。

売り場のしょうがには、まれにカビが生えていることがあるので、注意しましょう。

青髪のテツより

6月の野菜

とうもろこし

ゆでずに食べてみて！

旬は6月～9月

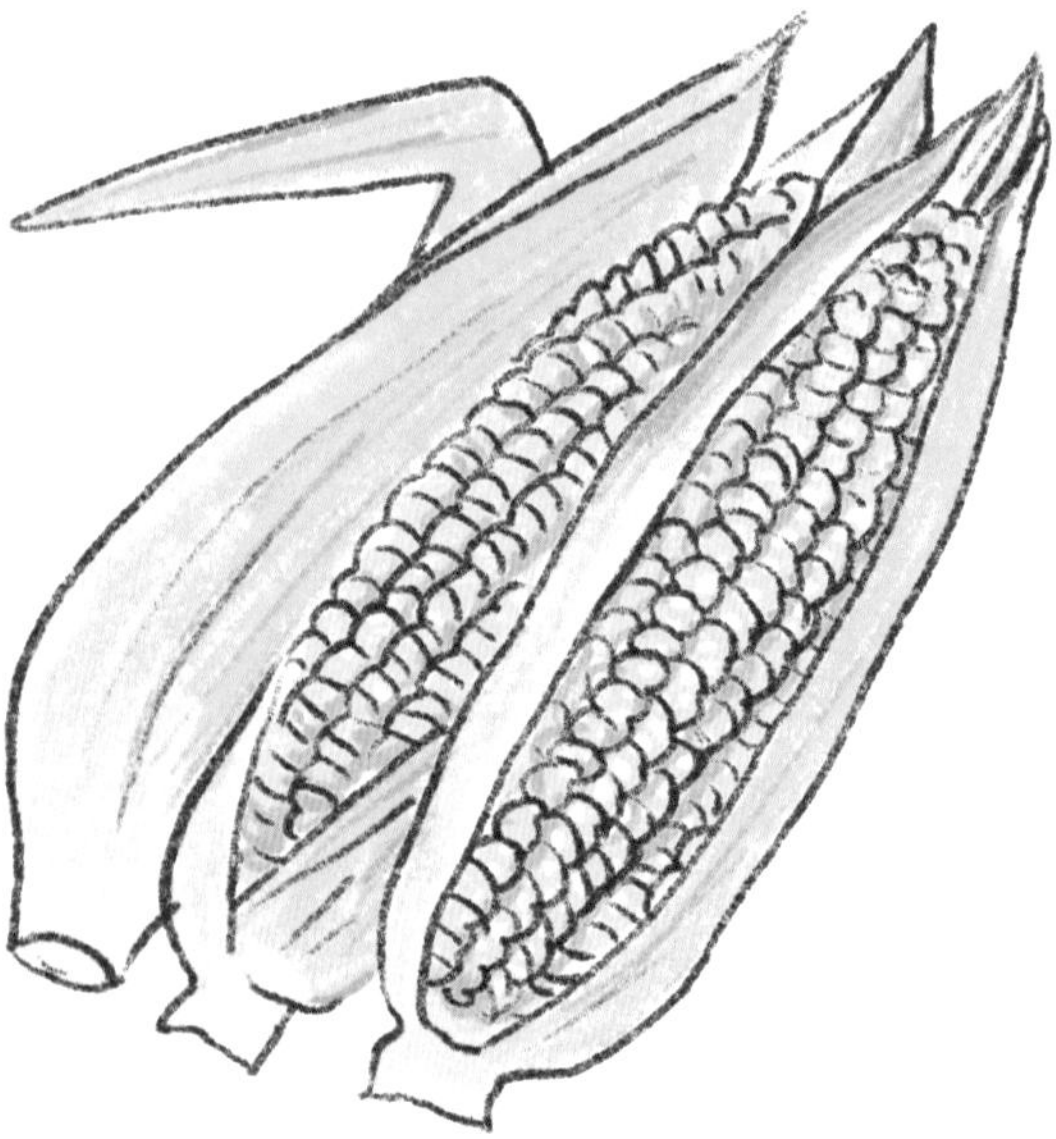

ゆでたとうもろこしを思い切りかじる……！

想像するだけでも、おいしそうですよね。

生のとうもろこしは、6月～9月しか食べることのできない夏のごちそうで、缶詰やレトルトコーンでは味わえない甘さや、みずみずしい食感があります。

とうもろこしの最適保存温度は0度～5度といわれています。

野菜室よりも冷蔵室のほうが温度が低いので、ペーパーで包み、保存袋に入れて冷蔵室で保存がベストです。

とうもろこしは食物繊維やビタミンが豊富ですが、ゆでると、水溶性の栄養素がゆで汁に流れ出てしまいます。

ゆで汁もスープにして飲むのであれば問題ありませんが、ゆで汁を捨ててしまう場合は、そのぶん、栄養の損失があることは頭に入れておきましょう。

「大和ルージュ」という赤いとうもろこしも見られるようになりました。

青髪のテツより

ポイント

父の日にとうもろこしを！

行事に合わせて積極的に取り組んでいるスーパーの青果部では、「父の日」（6月の第3日曜日）で「とうもろこし」を売るのが定番となっています。たくさん販売するために価格も抑えて売るお店もあるので、父の日はとうもろこしに注目してみてくださいね。焼きとうもろこしも、ゆでたとうもろこしも、お酒に合うので、父の日はとうもろこしで決まりですね。

6月の野菜

にんにく

スイカより糖度が高い

旬は6月～8月

にんにくにも旬があるって知っていますか?

実は、6月～8月が食べ頃です。

このにんにく、スイカより糖度が高いんです。

かなり甘い個体のスイカが糖度13度なのに対して、にんにくは糖度が30～40度もあります。

にんにくを食べるとスタミナがつくというのは本当で、アリシンという成分の効果で、ビタミンB1の糖質のエネルギー代謝を高めてくれます。

でも、食べすぎると胃腸に負担が……。

過熱したもので1日3片以内がおすすめです。

なお、にんにくは風味を出すためによく使用されますが、この香りのもともアリシンという成分。

このアリシンは、みじん切りにしたり、すりおろしたりすることで多く発生します。

炒め物や風味づけでにんにくを使用するときは、低温から炒めて、香りと旨みを上手に引き出しましょう。


皮をむいて1片ずつペーパーに包み、保存袋に入れてチルド室で保存がベスト。

青髪のテツより

ポイント

にんにくの葉と芽には違いがある

葉にんにく：にんにくの葉の部分。ニラのように薄い形状をしていて、においが少ない。四川料理に使われる。
にんにくの芽：「茎にんにく」と呼ばれ、においが少なく、食感がシャキシャキしている。炒め物に使われる。

6月の野菜

パプリカ

残念ながら国産はごく一部

旬は6月〜9月

ピクルスにしてもおいしいパプリカ。

このパプリカは、「辛くないトウガラシ」の仲間。

日本の気候や条件にマッチしていないため、国内流通の90％以上が輸入ものです。

スーパーでは赤色と黄色のパプリカをよく見かけますが、品数の多いお店ならば、オレンジ色や紫色のものも販売しています。

いろいろなパプリカを使った、カラフルなサラダはいかが？

青髪のテツより

ポイント

パプリカの赤・黄色・オレンジ

パプリカは、色によって含まれる栄養素の量が違います。

赤いパプリカ：
β-カロテンの仲間であるカプサンチンが多く、美肌、美白、アンチエイジング効果が期待できる。

黄色いパプリカ：
ルテインが多く、免疫力アップが期待できる。

オレンジ色のパプリカ：
赤と黄色の栄養をバランスよく含んでいる。

6月の野菜

苦みを取れば食べやすい
ピーマン

旬は6月～9月

ピーマンは、パプリカと同様、18世紀にアメリカで、トウガラシを品種改良されてできたものです。

1年中出回っていますが、6月～9月の夏が旬です。

肌トラブルに効果のあるビタミンCや、ビタミンCを補佐するはたらきのあるビタミンPを含み、苦味成分であるピラジンには血流改善、冷え性予防効果が期待できます。

ピーマンの苦味成分も水溶性です

ので、水で洗ったり、水にさらしたりすることで抜けていきます。

また、赤ピーマンは緑のピーマンよりも苦味が少なく甘味が強いので、お子様でも食べやすく、栄養価も緑ピーマンよりも多く含まれています。

「肉詰め」「炒め物」「天ぷら」などで、ピーマンを召し上がってみてはいかがでしょうか？

生のピーマンは、合わせ味噌マヨでおいしく食べられます！

青髪のテツより

ポイント

ワタ・種、どうする？

ピーマンの種やワタは食べたほうがいい！
というのも、そこには多量に血液サラサラ効果のあるピラジンが含まれているから。生でも炒め物でも肉詰めでも種ごと食べれますよ。

赤ピーマンと緑ピーマンを使い分け！

用途に合わせてアレンジしましょう。

赤ピーマン：完熟しており、糖度が高いが、シャキシャキ感や苦味は弱く、サラダ向き。

緑ピーマン：炒め物、煮びたしなど。

6月の野菜

らっきょう

付け合わせ以外でも重宝

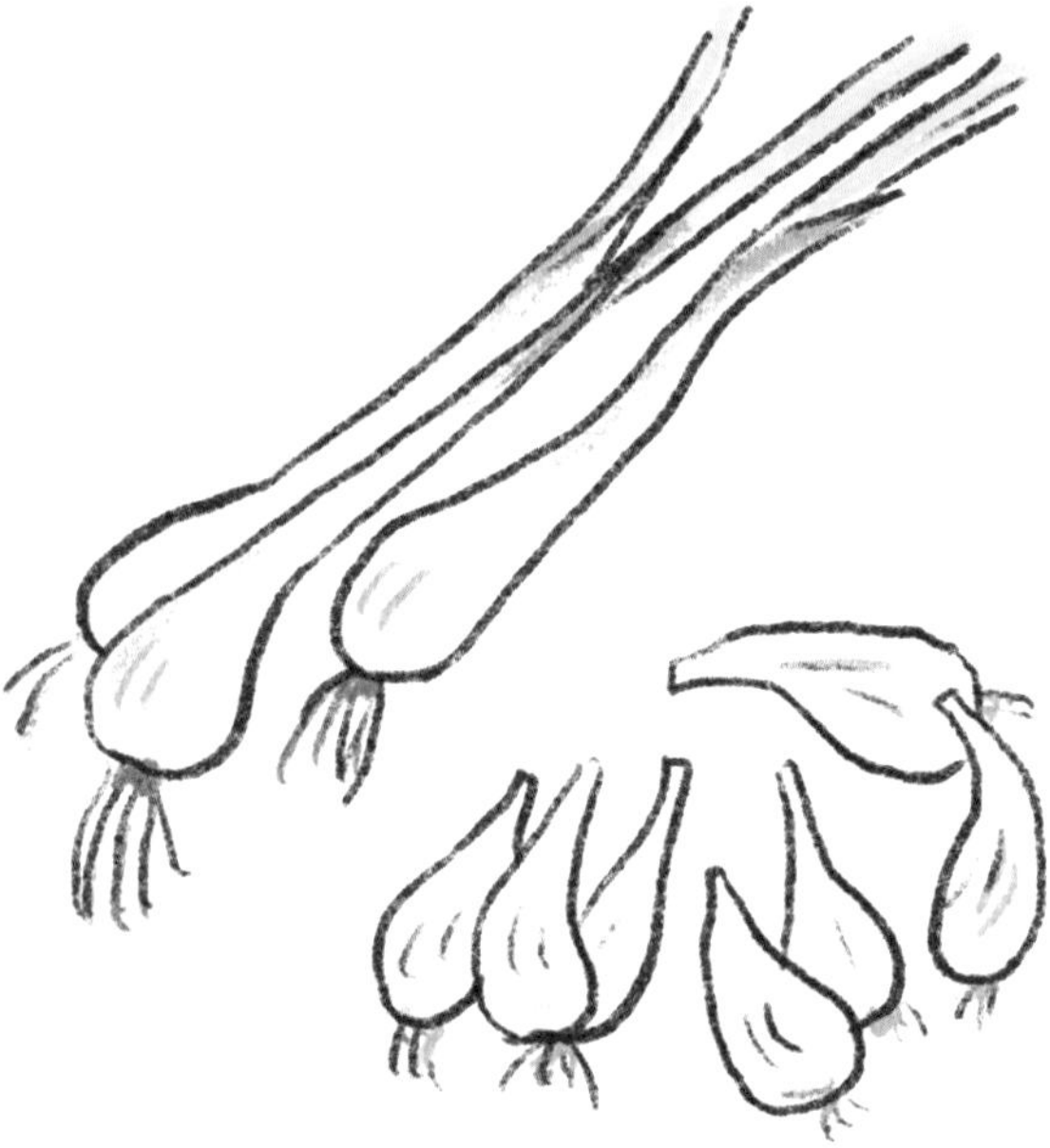

旬は5月〜7月

シャキシャキ感がたまらない、らっきょう。

らっきょうにも旬があって、5月〜7月が食べ頃ですが、最も流通量が増えるのは6月です。

らっきょうというと、「塩漬け」や「甘酢漬け」にしてカレーライスに乗せて食べる「脇役」のイメージがあるかもしれませんね。

そこでぜひ、らっきょうを主役にしていただきたいと思っています。

らっきょうは、小粒であっても、健胃、整腸、食欲増進などの作用があるといわれ、漢方薬として使われることもあるほど、栄養価が高いんです。

特に、血液をサラサラにするといわれている「硫化アリル」が豊富に含まれているので、血流をよくする効果が期待できます。

また、らっきょうはごぼうの3倍以上もの食物繊維も含んでいるので脂肪の吸収を抑える効果が期待できます。

ふだんはあまりらっきょうを食べないという方も、6月に旬のらっきょうを食べてみませんか？

ポイント

らっきょうだって主役

「きんぴら」や「かき揚げ」の材料にすることもできます。酢漬けのらっきょうを刻んで、マヨネーズとゆでたまごと合わせれば、タルタルソースのできあがり！　チキン南蛮に添えるのはいかがでしょうか。

らっきょう、カレーの副菜だけでしか食べないなんてもったいない！

青髪のテツより

6月～7月中旬　梅雨

梅雨に雨が多いのは、北からの寒気と南からの暖気がぶつかることで梅雨前線が生まれるためです。

積乱雲が発生するので、雨が降りやすくなります。

ジメジメしているので、気分をさっぱりさせるためにも、「大葉」や「みょうが」「しょうが」など、さわやかな風味の薬味野菜を積極的に食べるようにしていきましょう。

これらの野菜には食あたりを防ぐ役割があるので、湿度が高く、雑菌がわきやすいこの季節には特におすすめ。

薬味を冷奴に盛りつけてもいいと思います。

そうめんの具材にしておいしく食べられるでしょう。

薬味の種類には、このようなものがあります。

・大葉
・みょうが
・しょうが
・小ねぎ
・にんにく
・梅干し

みじん切りにして、冷奴やそうめんと一緒にいただき、蒸し暑い梅雨を乗り切りましょう！

暑さ対策を
しっかり

7月

JULY

夏至から数えて11日目の7月2日頃から七夕までの5日間が「半夏生《はんげしょう》」（天文学では黄経が100度の点を太陽が通過する日）にあたります。

半夏生の日には「タコの足のように、作物がしっかりと大地に根を張って豊作になるように」という願いをこめて、関西地方ではタコを食べる習慣があるそうです。

7月7日の七夕、7月下旬の「土用の丑の日」と、季節行事は続きます。

栄養価が高い食材を積極的に取り入れて、厳しい暑さを乗り越えましょう。

7月の野菜

ダイエット中なら食べて！ インゲンマメ

旬は6月～9月

実は、「インゲン」という名称の野菜は厳密には存在しません。正式名称は「インゲンマメ」になります。

インゲンマメはハウス栽培されていて、育て方が比較的簡単だといわれています。

発芽から収穫までの期間が短く、1年に3回も収穫可能なので、旬の時期以外もスーパーで出回っていますが、実際は6月～9月の夏が旬です。

インゲンマメには、「豊かさ」を意味する花言葉があり、食べることで健康になるとされています。**というのも、インゲンマメは90%が水分で構成されている低カロリーな野菜。**

ダイエット中の方にもおすすめできる食材です。

また、ビタミン、食物繊維、アスパラギン酸などの栄養価をバランスよく含んでいるので、定期的に食べていただきたい野菜です。

夏の食材として、インゲンマメを取り入れてみませんか？


インゲンマメは肉巻きにして甘辛の味付けで食べると最高においしいですよ～。

青髪のテツより

ポイント

インゲンマメは、こうしていただく

ごま和え
炒め物
肉巻き
スープ
などで、インゲンマメをおいしく食べましょう！

7月の野菜

大葉

「さっぱり」に必須

旬は7月〜8月

1年中栽培されていて、食料品店では常に販売されていますが、大葉（しその葉）の旬は夏〜秋にかけて。

大葉にはβ-カロテンが豊富に含まれているので、肌の老化や生活習慣病の予防が期待できます。

購入した大葉を長持ちさせるには、室温で水に挿しておくこと。たまに水を替えるだけで、1週間ほど持ちますよ。

ポイント

大葉は縁の下の力持ち!?

大葉は、さまざまな料理で活躍します！

刻んで餃子に入れる→しそ餃子に。

ペペロンチーノと一緒に→和風パスタに。

叩いた梅肉を焼いた鶏肉（ささみ）にのせて、刻んだ大葉をのせる→梅しそ焼き鳥に。おうち焼き鳥屋さんに大変身！

大葉を刻んで炊き立てのお米に混ぜ込む「大葉ご飯」や「醤油漬け」「味噌漬け」「肉巻き」にしてもおいしくいただくことができます。

大葉の栽培もおすすめ！

大葉は室内やベランダでの栽培も可能です。
次の方法を参考に、自分で育てた大葉を食べてみませんか？

1. 春に種をまく（5月頃）。
2. 光が当たるところで発芽する。
3. 毎日水やりをする。
4. 夏頃に収穫！

「大葉と青じそって、何が違うの?」と聞かれますが、同じものです。

青髪のテツより

7月の野菜

おくら

七夕には角おくらを探せ

旬は6月～11月

国産のおくらが食べられるのは6月～11月だけです。

おくらは年中品揃えされていますが、旬以外の時期では国産ではなく、フィリピン産などの輸入品がスーパーに置かれています。

ネバネバしているのが特徴のおくらですが、このネバネバは、胃や腸を保護する成分だといわれています。

このおくら、ゆでずに、生でも食べることができるって知っていますか？

ゆでてしまうと、栄養成分であるペクチンやビタミンがお湯に溶け出してしまうので、注意してください。

おくらのうぶ毛を取り除きたいときは、ネットに入っている状態のまま、ネットごと擦り洗いするだけで落とせます。

また、おくらにはさまざまな種類があって、切り口の丸い「丸おくら」のほかに、切り口が星形になっている「角《かく》おくら」があります。

七夕のそうめんに沿えるときは、ぜひ角おくらを買ってみてください。

おくらはゆでないでください！　600Wのレンジで1分加熱すれば食べられます。

青髪のテツより

ポイント

おくらは、こうしていただく

豚肉で巻いて焼く（豚巻き）、なすやみょうがとマリネする（夏野菜のマリネ）などでも、おくらをおいしくいただけます！

7月の野菜

「トマト

油と一緒もおいしい

旬は6月〜9月
（露地もの）」

トマトは1年中スーパーで品揃えされていますが、旬は6月〜9月です。サラダとして生で食べるイメージがあるかもしれませんね。

でも、リコピンやβ-カロテンを豊富に含んでいて、どちらも脂溶性の栄養素なので、油と一緒に摂取することで体内への吸収率が増します。

さらに、旨味成分であるグルタミン酸も豊富に含まれているので、スープや炒め物にしてもいい味を出します。
　また、食べやすいサイズで人気のミニトマトですが、大きいサイズのトマトの2倍ものビタミンを含んでいるそうです。
　ただし、ミニトマトをお弁当に入れるときは、食中毒のリスクが高まるので絶対にヘタを取ってくださいね。

個人的にはトマトと卵の炒め物が最高においしいと思っています！

青髪のテツより

ポイント

トマトには、こんな種類がある

トマトには大玉・中玉・小玉があります。

大玉：重さ 100 g 以上

桃太郎：市場に出回る多くのトマトがこの品種。
ファーストトマト：お尻が尖っているのが特徴。甘味が強い。

中玉：重さ 30 ～ 60g 程度

フルティカ：大玉と小玉の間くらいのサイズ。皮が薄くて食べやすい。

小玉：重さ 30g 以下

アイコ：やや縦長で瓜のような形。赤、オレンジ、黄色がある。

7月の野菜

なす

料理で品種を変えるのもいい

旬は5月〜9月

なすは5月〜9月が旬の野菜です。

旬のなすは「焼きなす」にすると、トロトロの食感を楽しめます。

夏のなすと秋なすがありますが、それぞれ特徴があり、夏のなすは果肉が詰まっていて種が多いのに対して、秋のなすは皮が薄く、やわらかい果肉があるのが特徴です。

スーパーで、傷ありのなすは買わないようにしていませんか？

実は傷があるほうが、血液をサラサラにしてくれる効果が期待できるナスニン（ポリフェノールの一種）が豊富といわれているんです。

なぜなら、傷口を修復する際に、雑菌が入らないようにポリフェノールを新たに生成しようとしているから。

傷ありのなすを見たら、心の中でガッツポーズをしてカゴに入れましょう。

ぜひ、買うときの参考にしてみてくださいね。

ポイント

なすには、こんな種類がある

なすの代表的な仲間を紹介します。

長なす：一般的に年中流通しているもの。果肉がやわらかいのが特徴。どんな料理にも合う。

丸なす：北陸や東北、関西でよく作られている品種で、旬は夏。田楽や煮物に最適。

米なす：加熱しても硬さが残りやすい品種。洋風煮込みの料理に合う。

水なす：丸みがあり、水分量が多く、生食向き。

なすをラップで包んで、600wのレンジで3分加熱。蒸しなすのできあがり！

青髪のテツより

7月の野菜

皮まで食べられる
スイカ

旬は5月〜8月

スイカは5月〜8月が旬の果物で、5月初旬に熊本県産からはじまり、鳥取→千葉→山形→青森と産地レースをしながら、9月頃まで流通します。

果肉が甘いスイカですが、実は皮も漬物にすることでおいしくいただけるんです。

外皮《がいひ》をむいて食べやすく切り、塩と一緒にポリ袋に入れて冷蔵庫で30分でできあがりです！

スイカは9割が水分でできていますが、実はリコピンが含まれていて栄養満点！

青髪のテツより

ポイント

スイカは、こう切る

①半分にカット。

②頭の皮を落とす。

③横の皮を順にカット。

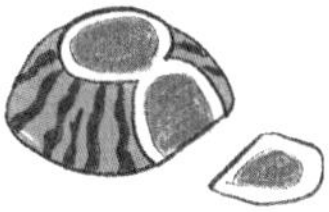

④食べやすい大きさに切る。

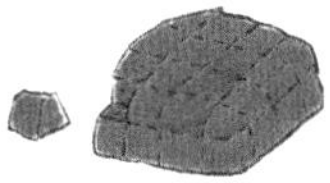

⑤皿を被せる。

⑥ひっくり返したら完成！

スーパーで売っているカットされたスイカは加工賃が上乗せされるので、なるべく玉で購入して自宅でカットしたほうがお得です。
カットしたスイカが余った場合、ラップして冷凍保存用の袋に入れて冷凍庫に入れれば冷凍できます。
冷凍したスイカを食べるときは、全解凍せずに、常温で5分〜10分置いて、半解凍状態でシャーベットっぽく食べるとおいしくいただけます。

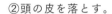

7月7日　七夕

七夕とは、織姫と彦星が1年に1度だけ天の川を渡り、会うことを許される日と制定されました。

そうめんを天の川に見立てて、星形にくり抜いた「きゅうり」や「にんじん」と、輪切りにすると星形になる「角おくら」をトッピングすれば、七夕風のそうめんができます。

次のページでは、夏にぴったりの涼しげな「夏野菜のゼリー寄せ」を紹介します。

レシピ

夏野菜のゼリー寄せ

材料

おくら……３本
ミニトマト……5個
黄パプリカ……1/6個
とうもろこしや枝豆を加えてもよい
ゼリー液（だし汁300cc　ゼラチンパウダー５g　塩小さじ1/2　薄口しょう油小さじ１　みりん小さじ１）
塩……適量

作り方

1　ミニトマトは湯むきして半分に切る。おくら・黄パプリカは電子レンジで１分～１分半ほど加熱し、スプーンで食べやすいように小さめに切る。
2　ゼリー液を火にかけ、沸騰しないようにゼラチンを溶かす。塩で味を調える。
3　１の具材を器に入れ、粗熱の取れたゼリー液を注ぎ、冷蔵庫で冷やして固める。

7月下旬〜8月上旬 土用の丑の日

実は、「土用の丑の日」は夏だけではありません。

そもそも、立春、立夏、立秋、立冬の手前の18日間、つまり四季が移り変わる間のことを「土用」と呼んでいます。

そして、「土用の丑の日」とは、この「土用」と、暦の上で「丑」に当たる「丑の日」が重なる日を示しているものになります。

うなぎを食べる夏の「土用の丑の

日」は、立秋の18日前から立秋の前日まで続きます。

諸説ありますが、丑の日にうなぎを食べるようになったのは江戸時代からのこと。平賀源内が夏に売り上げ不振で困り果てていたうなぎ屋さんに、「本日土用の丑の日」という看板を立てるよう提案したことでお店が大繁盛になったという話からはじまったそうです。

うなぎの旬は秋から冬ですし、夏はさっぱりとしたものが食べたいものですが、「丑の日だから『う』のつくものを食べたほうが縁起がいい」とか「季節の変わり目は体調を崩しやすいから栄養価の高いものを食べたい」という話もあり、今日まで行事として残り続けたのかもしれませんね。

そのため、うなぎ以外でも、「うり」「うめぼし」「うどん」なども食べる習慣があったそう。

あなたも、土用の丑の日は、「う」の食材を意識して食べてみませんか?

こまめに
水分補給を

8月

AUGUST

暦の上では秋であっても、夏まっさかりの８月。

８月中旬には「お盆」があります。

お盆は、亡くなった人が、あの世から戻ってくる時期とされ、おはぎやお団子、天ぷら、精進料理を用意する習慣があります。

家族や親戚で集まる夏休み、暑さから体を守るために、食卓には水分の多い夏野菜を意識して取り入れるようにしてくださいね。

8月の野菜

きゅうり

体をクールダウン！

旬は5月～9月

味噌やマヨネーズで、ポリポリといただきたいきゅうり。

きゅうりは1年中スーパーで手に入りますが、夏に旬を迎えます。

味が薄い印象があるせいか、ギネス世界記録に「世界で一番栄養がない野菜」と書かれているという噂がありますが、そんなことはありません。

ギネスには「Least calorific fruit」と書かれていて、日本語に訳すと

「最もローカロリーな果実」という意味になります。「栄養がない」ではなく、「カロリーが最も少ない」ということなんですね。

成分は水分量が95％と、お世辞にも栄養満点とはいえませんが、カリウム、ビタミンK、ビタミンC、食物繊維を含むヘルシーな野菜なんです。

きゅうりにはβ-カロテンが含まれており、この栄養素が、体外からのウィルスや細菌の侵入を防ぐことで免疫力をアップさせるといわれています。

でも、食べすぎて水分過多で体を冷やしすぎないように、注意してください。

きゅうりは乾燥に弱いので、野菜室で保存するのがベストです！

青髪のテツより

ポイント

きゅうりは、こうしていただく

きゅうりは冷やして生のまま食べても、漬物にしても、炒め物にしてもおいしいですよ。
冷や汁の具材としても活用できます。

8月の野菜

ゴーヤー

肌を労るすぐれもの

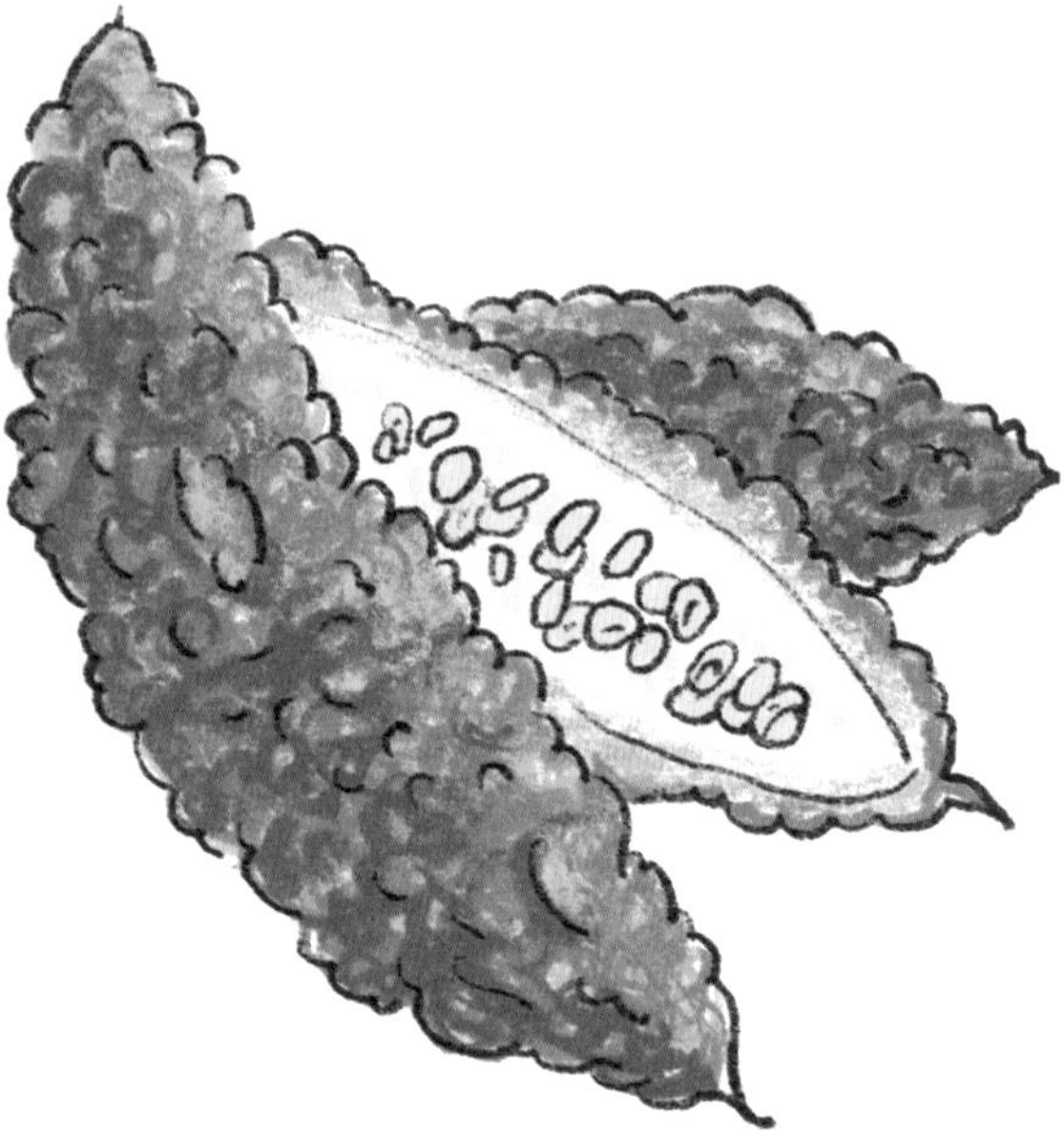

旬は6月〜8月

ゴーヤーは6月〜8月に旬を迎える野菜で、沖縄や宮崎で多く栽培されています。

呼び方もさまざまでニガウリ、レイシ、ツルレイシとも呼ばれています。

このゴーヤ、レモンよりも豊富なビタミンCが含まれ、夏に傷めた肌を修復する効果が期待できます。

一般的に野菜に含まれるビタミンCは熱に弱いとされていますが、

ゴーヤーは調理で熱してもビタミンCが壊れにくいのが特徴です。

とはいえ、苦みが気になるという方もいると思いますので、ここで、苦味を少なくする方法を紹介します。

①ゴーヤーを半分にカットし、スプーンで種とワタを取る。

②薄くスライスする。

③塩をもみこみ、20分放置する。

④沸騰したお湯で1分ゆでる。

ぜひ、このやり方を参考に、夏の時期イチ押しのゴーヤーを食べてみてくださいね。

苦くないゴーヤーは「イボ」が大きく、色が薄いです！

青髪のテツより

ポイント

ゴーヤーは、こうしていただく

ゴーヤといえば「ゴーヤーチャンプルー」が定番ですが、「天ぷら」や「漬物」「肉詰め」などの調理法もあります。
お盆には、天ぷらの材料にしてみてはいかがでしょうか。

8月の野菜

「ししとう」
肉詰めにも向いている

旬は6月～9月

「ししとう」という名前の由来、知っていますか？

「ししとう」という名前は、先端がくぼみ、獅子の口のように見えることからきています。

青トウガラシに似た見た目をしていて、ナス科トウガラシ属であるという点では、ししとうも青トウガラシも同じですが、品種が異なるため、味に違いがあります。

6月～9月が旬の野菜で、ピーマ

ンに似た味ですが、まれに激辛のものが混じっています。

辛いものの見分け方は諸説ありますが、確実に見分けることができる方法はまだありません。

ピーマンもししとうも、緑色をしているものは、熟す前に収穫されたもので、どちらも熟してくると赤くなります。

赤くなると甘味が増しますが、保存性が悪いといった理由で、あまり出回ってはいません。

ししとうは寒さに弱いので、冷蔵庫ではなく野菜室で保管を！

青髪のテツより

ポイント

ししとうは、こうしていただく

ししとうは、
- 焼きびたし
- 炒め物
- 天ぷら

など、さまざまな用途で調理できます。
ししとうに縦に切りこみを入れて、ハンバーグの種を入れて焼く「肉詰め」もおいしいです。
ただ焼くだけでも、マリネにしてもおすすめです！

8月の野菜

かぼちゃの仲間！ズッキーニ

旬は6月～9月

見た目はきゅうりに似ているズッキーニ。

このズッキーニって、かぼちゃの仲間だって知っていましたか？ **ウリ科かぼちゃ属のズッキーニ、カロリーはかぼちゃより低いすぐれものです。**

スーパーで野菜を選ぶとき、できるだけ大きいものを選んで買っている、という方もいるでしょう。

買うときのポイントですが、ズッ

キーニの場合は、大きすぎるものや太さが均一でないものは避けるようにしてください。細長い形状のズッキーニですと、ベストな大きさは20㎝前後です。

また、ズッキーニは鮮度が落ちてくると、水分が下側に溜まって端が膨れたり、逆に水分が抜けて、シワができて萎《しお》れたりしてしまうんです。

大きすぎるズッキーニは、硬いうえに種が多く、食味が悪くなる傾向にあるので、選ぶときは注意してください。

夏の時期、トマトやきゅうりは好評ですが、ズッキーニはなぜか不評です（涙）。

青髪のテツより

ポイント

さっぱり風味はきゅうりを超える？

- ピリ辛ナムル
- ホイルチーズ焼き
- 味噌ツナマヨ焼き
- ピカタ

……などなど、ズッキーニはさっぱりしているため、いろんな食べ方ができます。

8月の果物

ぶどう

皮ごと食べる品種が急増

旬は8月～10月

8月になると、国産のぶどうが多く出回るようになります。

定番のぶどうといえば「ピオーネ」や「巨峰」「マスカット」ですが、個人的におすすめの品種は「シャインマスカット」と「ナガノパープル」です。

シャインマスカットは果皮《かひ》が薄く、皮ごと食べられるうえに、種がないので食べやすく、マスカット特有の香りがあります。

また糖度は20度を超え、酸味は少ない個体が多いので、甘く感じます。

ナガノパープルも皮ごと食べられて、種なしの品種です。

味もいいので、個人的にもこれから広めていきたいと思っている品種でもあります。

ポイント

ぶどうの黒・赤・緑

ぶどうの品種は、おもに、黒・赤・緑にわけられます。

黒系

- 巨峰：大粒で甘みが強い。
- ナガノパープル：中粒でさわやかな甘さ。種がなく皮まで食べられる。
- スチューベン：やや小粒。酸味が少ない。
- マスカット・ベリーA：ほどよい渋味で、ワインの材料にも。

赤系

- デラウェア：小粒。種なし。糖度が高い。

緑系

- シャインマスカット：大粒で楕円形。種なし。

房からひとつずつ取り、冷凍庫へ。半解凍で食べるぶどうシャーベット、お試しを！

青髪のテツ
より

秋野菜

9月〜11月の野菜・果物一覧

味覚の秋・食欲の秋といわれるように、秋は野菜も芋類も果物も、たくさんの食べ頃を迎えます。

秋に旬を迎える野菜・果物

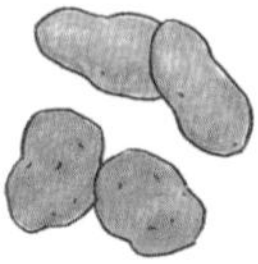
じゃがいも

かぼちゃ

セロリ

さつまいも

玉ねぎ

里芋

まいたけ

しいたけ

栗

マッシュルーム

梨

ラディッシュ

りんご

レタス

柿

味が濃く、甘みのある野菜が登場し、秋に不足しがちな栄養を補ってくれます。
体を守ってくれる野菜は、秋にぴったりです。

土の恵みを
いち早く味わう

9月

SEPTEMBER

９月の「秋分の日」（９月 22 日もしくは 23 日）は、「春分の日」と同様、昼と夜の長さがほぼ同じになる日。

その「秋分の日」を中日《なかび》とした７日間は「秋のお彼岸」とされています。

「祖先をうやまい、亡くなった人をしのぶ日」とされ、昔からぼたもちを食べる習慣がありました。

また９月～ 10 月上旬の満月の夜は十五夜。

月を見ながら「月見団子」を食べるのも素敵ですが、里芋を月見団子に見立てて味わうのはいかがですか？

9月の野菜

土の栄養がぎっしり
さつまいも

旬は9月〜2月

さつまいもは9月〜2月頃に旬を迎えます。

収穫されてから一定の期間貯蔵して、熟成が進んだ年明けから春先くらいのさつまいもは、余分な水分が抜けて、でんぷんが糖化し、甘味が強くなります。

料理にもよりますし、甘ければいいというわけではないのですが、焼き芋やスイートポテトにするときは甘いさつまいものほうがいいでしょう。

さらに、さつまいもには、美容の力になってくれるとされるビタミンCが含まれています。

このビタミンCですが、加熱調理しても、でんぷんの作用によって壊れにくいとされています。

土の栄養とビタミンCを豊富に含んださつまいも、ぜひ食べてみてください。

私は、お味噌汁に入れたり、天ぷらにするなら鳴門金時が好き！

青髪のテツより

ポイント

さつまいもには、こんな種類がある

代表的なさつまいもの品種を紹介します。

- 鳴門金時：徳島県で生産。甘味にくどさがない。
- 紅あずま：一般的に多く流通している品種。焼き芋、煮物や天ぷら、サラダ、スープに最適。
- シルクスイート：甘みが強い。焼き芋、ふかし芋に最適。おもに熊本県で生産。
- 安納芋：ねっとりしていて人気。果肉は明るいオレンジ。焼き芋、ふかし芋に最適。おもに鹿児島県で生産。
- 紅はるか：安寧芋と同様、甘みがあるが、ねっとりしている。おもに九州で生産。

「紅はるか」の焼き芋、驚くほど甘いです！

9月の野菜

里芋

月見団子の代わりにどうぞ

旬は9月〜翌年1月

里芋は秋〜冬にかけて旬を迎え、ねっとり、ほくほくとした食感があります。

長芋や大和芋、自然薯など山で採れる芋は「山芋」と呼ぶのに対し、里芋は家や畑で栽培されるため、「里芋」という名称にしたといわれています。

十五夜では「月見団子」の代わりに「里芋の煮転がし」にしてもいいのではないでしょうか。

レシピ

里芋の煮転がし

材料

里芋……300ｇ
だし汁……500cc
砂糖……大さじ１と1/2
しょう油……大さじ１と1/2
酒……50cc
サラダ油……大さじ１

作り方

1　里芋は洗いこそげる。

2　鍋にサラダ油を熱し、里芋を入れ、炒める。

3　だし汁と酒を入れ、煮立ったら５分ほど煮る。

4　砂糖を加え、落し蓋をして中火で５分煮る。しょう油を加えてさらに煮て、里芋に火が通ったら落し蓋を取り、強火にし、煮からめる。

秋は「いも炊き」の試食が好評！　里芋も「いも炊きのたれ」も飛ぶように売れました。

青髪のテツより

9月の野菜

玉ねぎ

涙を流さずに切るコツがある

旬は8月～12月

玉ねぎは乾燥させることで保存性が高まるので、年中食べることができますが、シェアの半分以上を占める北海道産の収穫時期は秋です。

玉ねぎを切るときに目を刺激することがありますが、これは玉ねぎに含まれる「硫化アリル」という物質が揮発《きはつ》して目や鼻に入るため。「30分間玉ねぎを冷蔵庫で冷やす」「玉ねぎをレンジで加熱してから切る」などで対策できますよ。

ポイント

玉ねぎは、いつどんなときも万能

- サラダ
- 炒め物
- 煮物
- スープ
- カレーやシチューの材料

などなど、どんな料理でも活躍できる玉ねぎは、常備しているご家庭も多いと思います。

秋のお彼岸では、玉ねぎや、ほかの秋野菜を入れた「かき揚げ」にしてもおいしいですし、玉ねぎ単体をオニオンリングのような形で揚げるのもおすすめです。

水にさらしてみじん切りにして、ドレッシングにして、冷やしたトマトにかければおいしいサラダに。

そのまま焼く「玉ねぎステーキ」も、玉ねぎを主役にしたオニオングラタンスープもおすすめです。

玉ねぎの白・黄・赤

玉ねぎには、おもにこんな種類があります。

- 白玉ねぎ：新玉ねぎの一種で、春先に出回る。
- 黄玉ねぎ：国内で最も出荷されている。加熱料理に向いている。
- 赤玉ねぎ：表皮が紫色をしていて、輪切りにしたとき、断面が、赤紫と白の重なりのように見える。サラダ向き。

玉ねぎにバターとチーズをのせて、６００ｗのレンジで６分加熱したものが家族に好評！

青髪のテツより

9月の野菜

まいたけ

洗わないで食べて！

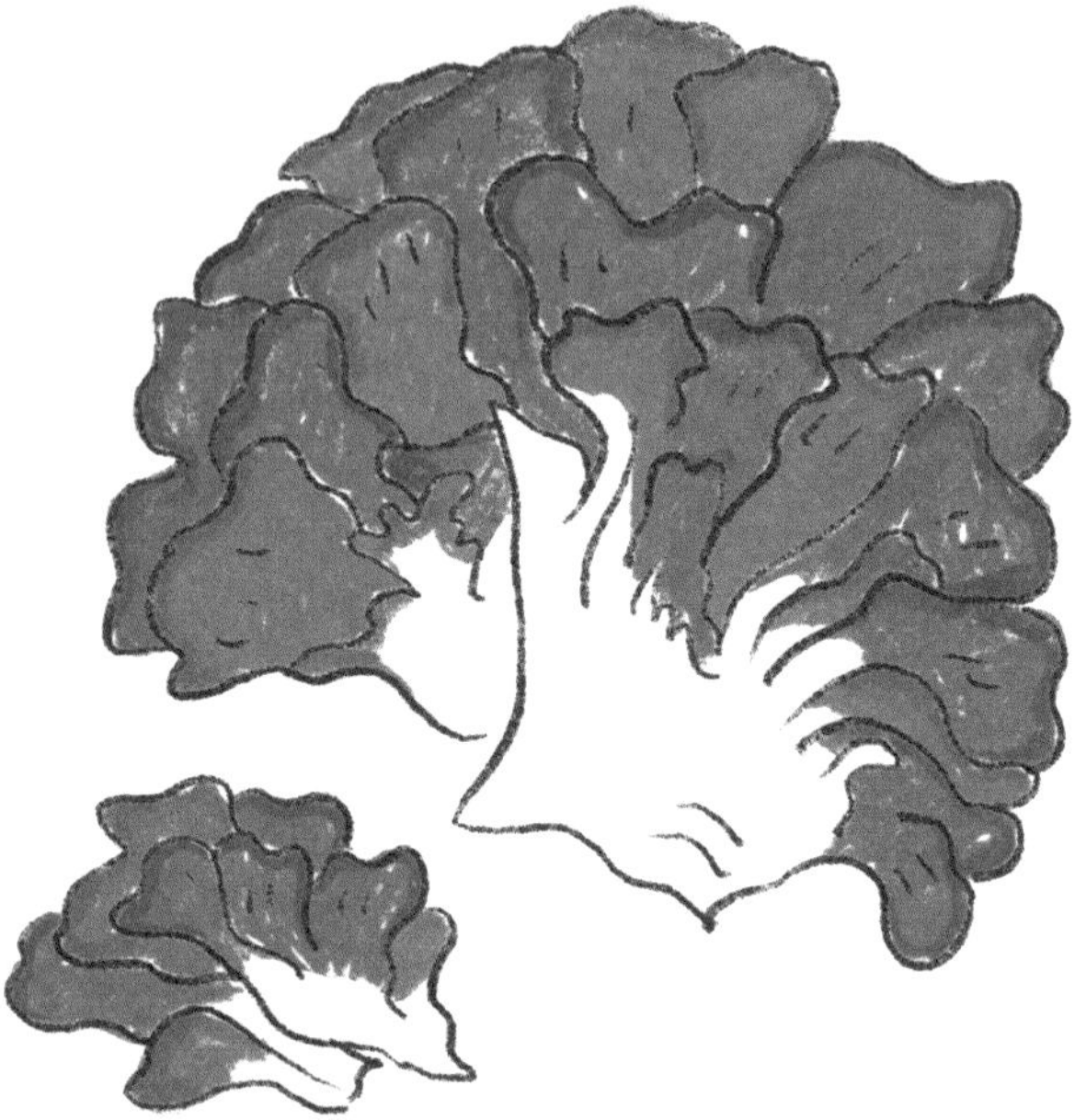

旬は9月～10月

「まいたけは見つけることができると舞うほど嬉しい」ということから舞茸と名づけられており、旨みが強いという特徴があります。

まいたけはカロリーが低く、ダイエットにも嬉しい食材。

腸の動きを活発にしてくれる食物繊維が豊富に含まれているとされています。

秋のお彼岸でも、まいたけの天ぷらはおすすめです。

きのこは洗わないでください！　汚れは濡らしたペーパーで拭き取るといいですよ。

青髪のテツより

ポイント

きのこには、こんな種類がある

きのこには、おもに、以下のような種類があります。

- しいたけ：天然のしいたけの旬は春と秋の2回。生しいたけはソテーに、乾しいたけは水で戻してさまざまな料理に活用できる。
- まつたけ：希少で高級品。独特の香りがあり、炊きこみご飯やお吸い物などに合う。
- しめじ：1年中出回っているぶなしめじと、秋に旬を迎えるほんしめじがある。
- えのきたけ：天然のえのきたけの旬は、晩秋から早春にかけて。鍋物によく合う。
- まいたけ：天然のまいたけの旬は秋。油と相性がいいので、炒めても揚げてもおいしい。
- エリンギ：日本には自生しておらず、ヨーロッパで自生している。日本産のエリンギは、すべて人工栽培。
- なめこ：天然のなめこの旬は秋。独特のぬめりがある。

それぞれ特徴があるので、料理にうまく使い分けましょう。

この中でもまいたけは、冷凍することで食感が悪くなってしまうのですが、しいたけだけは、ほかのきのこと比べて冷凍しても味や食感が変化しにくい性質を持っています。

9月〜10月上旬　十五夜

十五夜は年間で最も月が美しく見える夜とされています。

旧暦で8月15日である9月〜10月上旬の満月の夜にあたり、この日は、家から月が見える場所に十五夜飾りと呼ばれる「月見団子」をお供えします。

月見団子には、関東と関西では違いがあります。

関東ではまん丸の白い団子をお供えするのに対し、関西では楕円のお団子に、こしあんを巻きつけるような形でお供えしています。

この十五夜、お団子のほかにも「すすき」「里芋」「さつまいも」「栗」「柿」「お酒」などもお供えすることがあります。

十五夜に月見団子は食べていることは知っていても、「里芋」「さつまいも」を食べることは知らない、という人もいるかもしれませんね。

十五夜の別名は「芋名月《いもめいげつ》」とも呼ばれていて、もともとは里芋をお供えしていましたが、現代では里芋に形を似せるために団子を供えるのがメジャーになったという説があります。

せっかく里芋やさつまいもが旬を迎えておいしい時期になりますので、今後は家族と食べながら月見をするのも、季節を感じられて素敵な日になるのではないでしょうか。

実りの秋が
やってきた

10月

OCTOBER

10月前後には日本各地で「秋祭り」がおこなわれます。

これは、秋の収穫に感謝しつつ、田の神様を山に送り出すというもの。

秋祭りには地域の特性があり、盛大に祝う地域もあれば、収穫した作物やお酒などのお供え物をしてひっそりとお祈りする地域もあるでしょう。

また10月31日に「ハロウィン」があり、かぼちゃのコーナーができるスーパーもあります。

この時期は、秋刀魚《さんま》もおいしくなる季節。

秋魚に合わせて、カボスやすだちも旬を迎えます。

10月の野菜

かぼちゃ

眠りから覚めておいしくなる

旬は9月〜12月

スーパーではハロウィンの時期に、かぼちゃを積極的に売り出します。**夏に収穫したかぼちゃは、土の中の眠りから覚めることで、熟成されて甘味が増して、おいしくなるんです。**

ハロウィンの象徴であるかぼちゃがおいしいのであれば、売るしかありません。

ハロウィンの時期、ぜひかぼちゃを買ってイベントを楽しんでみてください。

カットのかぼちゃは、ゆでずにラップして600wで2～3分レンジで加熱すればOK!

青髪のテツ
より

レシピ

かぼちゃマフィン

材料（4個分）

バター……50ｇ（常温にしておく）
きび砂糖……50ｇ
塩……ひとつまみ
卵……１個（常温）
薄力粉……80ｇ、ベーキングパウダー……３ｇ（薄力粉とベーキングパウダーは合わせてふるっておく）
牛乳……60cc（常温）
かぼちゃをペーストにしたもの……80ｇ
※オーブンは180度に予熱しておく

作り方

1　ボールにバターを入れ、泡だて器で混ぜ、きび砂糖と塩を数回に分け入れ、白っぽくなるまで混ぜる。

2　溶き卵を数回にわけて加え、よく混ぜる。

3　ふるった粉を一気に入れ、ゴムベラで切るように粉っぽさがなくなるまで混ぜる。かぼちゃに牛乳30ccを混ぜる。

4　牛乳30ccを入れ、なじむまで混ぜ、かぼちゃを加えて混ぜる。マフィン型のカップに入れ、表面を平らにならし、180度で20分焼く。

10月の果物

柿

「食べどき」を逃さないで！

旬は9月～11月

柿は貯蔵性が高くないので、秋から冬にしか食べることができません。**多様な品種がありますが、大きくわけると「甘柿」と「渋柿」があり、柿の渋味に含まれるポリフェノールのタンニンには抗酸化作用があります。**

渋柿といっても、アルコールや炭酸ガスで渋抜きされているので、「干し柿用の柿」を除けば、売り場の柿はそのまま食べることができます。

ポイント

甘柿と渋柿は、こう違う

甘柿と渋柿の違いを、品種とともに紹介します。

甘柿

タンニンが溶けていない。渋みがなく、甘みが強い。

- 富有《ふゆう》柿：果肉が滑らかで甘味が強い品種。種がある。最も生産量が多い。
- 次郎柿：富有柿に次いで栽培されていて、種はほとんど入っていない。愛知県と静岡県がおもな産地。
- 太秋《たいしゅう》柿：富有柿を品種改良したもの。種は少ない。熊本県がおもな産地。

渋柿

タンニンが水に溶けている。種が入っていて渋い。

- 平核無《ひらたねなし》柿：種がなく、食べやすい品種です。「あんぽ柿」などに加工されることも。形は丸みのある四角形。山形県がおもな産地。
- 刀根早生《とねわせ》柿：平核無梨が変異してできたもので形も類似。種はない。和歌山県がおもな産地。
- 紀の川柿：果肉に黒い斑点がある。黒い斑点がある分、甘味が強い。種はない。和歌山県特産品。

ヘタを取り、切りこみを入れて200℃のオーブンで15分焼く「焼き柿」もおすすめ！

青髪のテツより

10月の果物

栗

食べている部分は「種」

旬は9月～10月

突然ですが、栗は野菜だと思いますか？

それとも果物だと思いますか？

実は、栗は野菜ではなく、木に実る「果物」なんです。

私たちが皮をむいて果肉だと思っている部分、これは種です。

というのも、イガの部分が皮にあたり、皮としてむいている部分が果肉、そして食べている部分が種にあたるというわけです。

アーモンドやクルミと同じ種類のものだと考えるとわかりやすいですね。

種として食べる部分には、糖質をエネルギーに代えるビタミンB1、ビタミンC、でんぷん、カリウムなどが含まれています。

日本の栗はもともと小粒でしたが、現在では品種改良が進んだことで、大粒でも味のいい栗が出回っています。

外皮に穴が空いていたり黒ずんでいる場合は、中に虫がいる可能性があるので気をつけてくださいね。


生栗を使った炊きこみご飯は格別ですよ！

青髪のテツより

ポイント

栗は、こうしていただく

- 栗ご飯
- 甘露煮
- 渋皮煮
- 栗ようかん

などなど、この時期ならではは味覚を味わってください。

10月の果物

梨

和梨と洋梨、どっちがお好み？

旬は8月～10月

秋の味覚でおなじみの梨は、夏の終わり頃から流通がスタート。**水分が多いですが、整腸作用が期待できる栄養素を含んでいます。**

梨もりんごと同様に、冷蔵室で冷やして保存したほうが甘くなります。

乾燥を防ぐため、ペーパーで包み、ビニール袋に入れるのがベストですが、ビニール袋だけでも問題ありません。

「南水」がおすすめ！　高い糖度＆大玉でジューシー。常温で1ヵ月もちます。

青髪のテツより

ポイント

梨には、こんな種類がある

和梨と洋梨を、おもな品種と共に解説します。

和梨

- 豊水：糖度も高く、果汁もたっぷり。
- 幸水：甘さの中に、ほどよい酸味。
- 二十世紀梨：酸味と甘味がほどよい。シャリシャリしている。
- 南水《なんすい》：高い糖度からくる強い甘味が特徴。

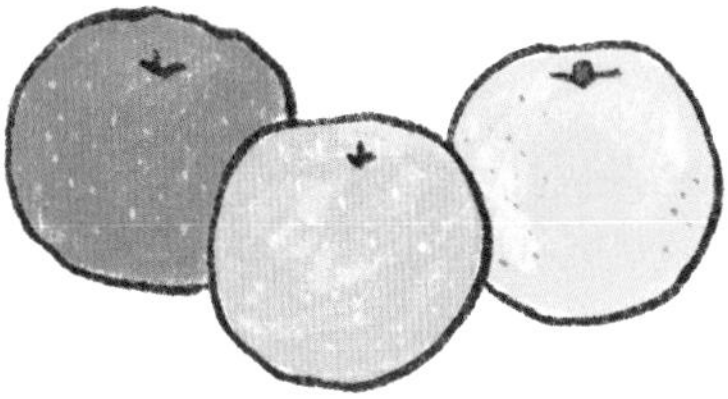

洋梨

- ラ・フランス：フランス原産の品種で、甘さが強い。

乾燥と寒さから
身を守ろう

11月

NOVEMBER

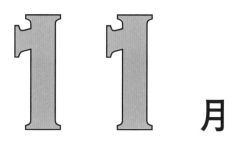

11月7日頃に立冬を迎え、気温も下がっていくことから、冬野菜が旬を迎えはじめます。

そして、11月15日は七五三の日。

千《ち》歳《とせ》飴《あめ》を持った家族が神社にお参りをする姿を見かけますね。

11月23日は勤労感謝の日ですので、日頃、仕事を頑張る自分へのプレゼントをしてみてもいいですね。

秋冬野菜には、風邪予防の効果が期待できるものもあります。

ぜひ、体をあたためて、冬を迎えましょう。

11月の野菜

セロリ

イライラはこれで解消!?

旬は12月～3月、5月～11月

セロリの旬は産地によって異なり、12月～3月（おもに静岡県産）に旬を迎えるものと、5月～11月（おもに長野県産）に旬を迎えるものの2つがあります。

セロリには独特のにおいがありますが、この香りは、「アピイン」というポリフェノールと、「セネリン」という栄養素の香気によるもの。

これらの成分には、イライラや不安な気持ちを落ち着かせるはたらき

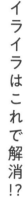

があるとされています。

ストレスが溜まると、食欲がなくなったり、眠れなくなったりするものですよね。

アピインには食欲増進や安眠を促進するはたらきもあるので、まさにストレスで眠れなくなったときにぴったりの栄養素といえます。

ストレスを感じたときは、一度生のセロリを食べてみてください。

また、茎には腸内環境をよくする食物繊維、葉には免疫力アップに役立つβ－カロテンも含まれているので、セロリは栄養満点です！

セロリは寒くなると糖を生成するので、冬のセロリは甘みがあるんです！

青髪のテツより

ポイント

「セロリ嫌い」は克服できる!?

苦手な人が多いセロリ、この独特の苦みは、スープや炒め物にするなど、加熱することで、においを気にせず食べやすくなります。

11月の野菜

レタス

手巻きにいかが？

旬は4月、10月～11月

レタスは1年中食べることのできる野菜ですが、主に春と秋に出荷されることが多いです。**夏は長野県や岩手県、秋になると茨城県や香川県のものが旬を迎えています。**

葉物野菜の中でも人気のある野菜ですが、傷みやすく、鮮度管理が大変ですので、スーパーで買うときは、葉先などをよく見て購入したほうが失敗は少ないでしょう。

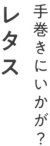

ポイント

レタスは、こうしていただく

レタスは「サラダ」のイメージが強いと思いますが、生食だけではありません。

- 手巻き寿司の材料
- 炒め物
- 鍋物
- お味噌汁
- チャーハン
- 肉を巻く
- チョレギサラダ

などでもおいしく食べることができます。

レタスを長持ちさせる方法

せっかくレタスを買ったのに、食べ切れず、傷んでしまった……ということはありませんか？

足の早いレタスを長持ちさせるコツがあります。

まず芯を親指で押してから、芯の部分を取ってください。

そして、取り除いた芯の部分に濡れたキッチンペーパーを詰めるだけ！

長崎県の農家さんに教えてもらった方法です。

ぜひやってみてくださいね。

レタスの葉がしわしわになったら、お湯に1分間ひたし、そのあと冷水につけると復活！

青髪のテツより

11月の果物

りんご

年中買えても旬は秋です

旬は9月〜11月

りんごは貯蔵性がある果物なので年中出回っていますが、旬は秋。

まず9月初旬頃に「サンつがる」や「きおう」が出はじめます。

さらに10月には、「早生《わせ》ふじ」や「トキ」、11月になると「ふじ」や「王林」という人気のある品種がお店に並びはじめます。

基本的に春以降のりんごは採れたてというわけではなく、長期貯蔵されたものになります。

ポイント

赤りんごと黄緑りんごの違いって？

赤

日光によってアントシアニン（赤色）の色素が生成されたもの。

- サンつがる：甘みが強い。シャキシャキしている。
- ふじ：青森で生まれた品種だが、日本で一番多く生産されている。果肉はやや硬く、甘味があって酸味は少なめ。生でもジュースでも OK。

黄緑

赤りんごに日光を当てる前の状態のもの。

- きおう：果汁が豊富で歯触りのいい青りんご。
- 王林：「りんごの中の王様」という意味で命名された。少し硬く、サクッとした食感。ヨーグルトとの相性○。

りんごは低温で甘みが増すので、野菜室ではなく冷蔵室で保存してください！

青髪のテツより

11月15日 七五三

七五三とは、子供が3歳、5歳、7歳になる11月15日に行う儀式のことです。

男女で儀式を行う年が異なり、3歳は男女、5歳は男児、7歳は女児を対象としてこれまでの無事に感謝し、今後の成長を祈ります。

七五三の行事食は赤飯や鯛、紅白餅といわれていますが、家族揃って手巻き寿司をするのも楽しいと思います。

11月23日 勤労感謝の日

11月23日は勤労感謝の日です。
この日、日頃頑張っている自分たちへのごほうびにちょっと贅沢なものを食べてみるのはいかがでしょうか？

例えば、11月においしい「シャインマスカット」や「紀の川柿」「蜜入り保証のりんご」などは1000円前後ですし、もうちょっといいものならネットで農家直送の果物を買うということもできます。

冬野菜

12月～2月の野菜・果物一覧

年末にかけて、年越しやお正月に向けた野菜が収穫されます。冬野菜も、特別なごちそうにぴったりの食材です。

冬に旬を迎える野菜・果物

かぶ

ふきのとう

ごぼう

ブロッコリー

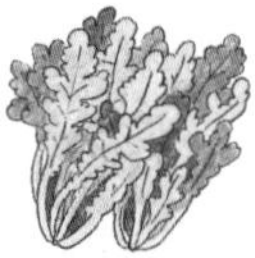

春菊

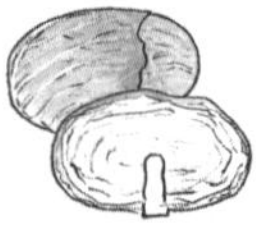

キャベツ
(冬キャベツ)

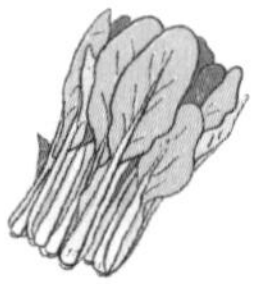

小松菜

ほうれん草

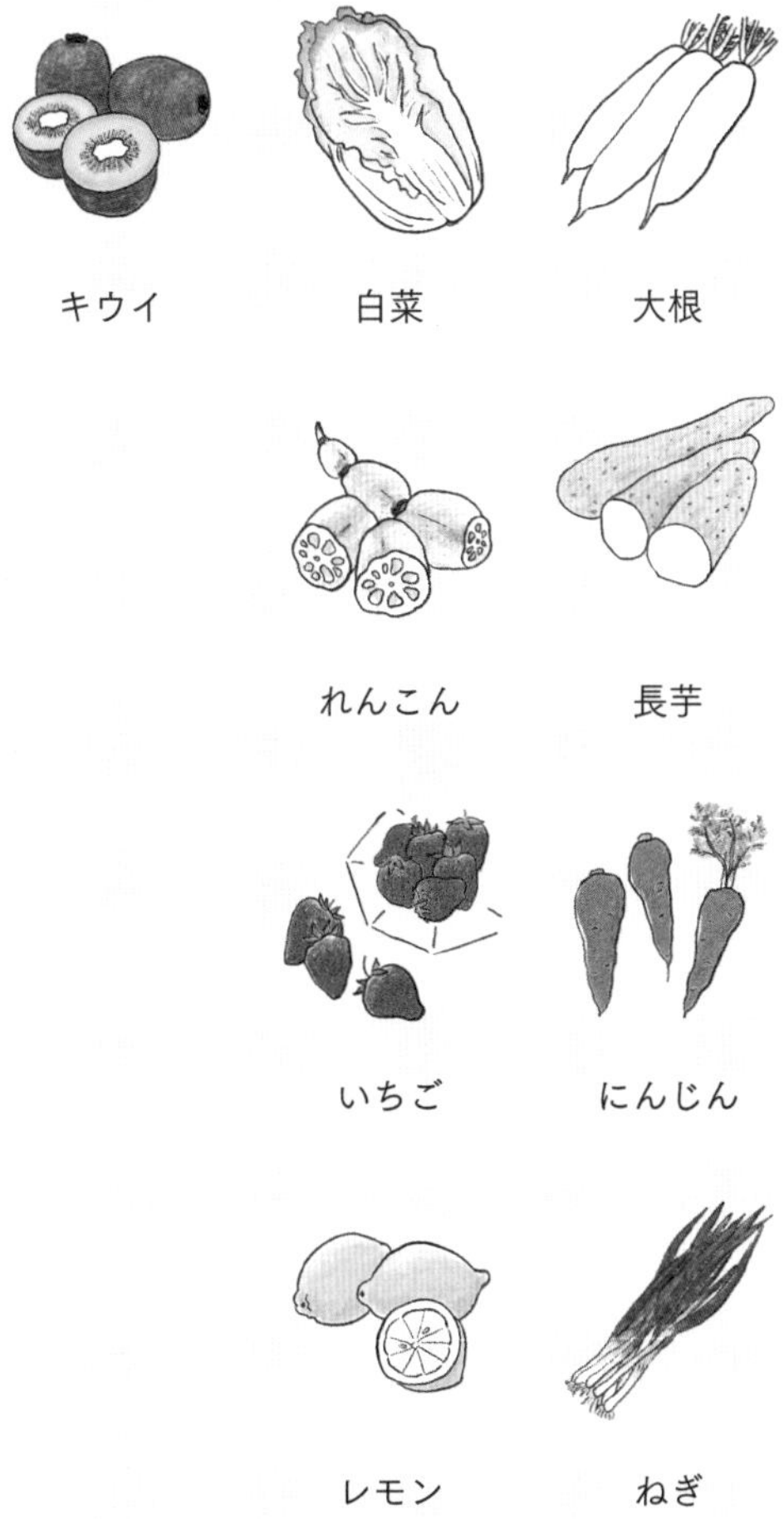

冬野菜は、土の中で育つものが多いのが特徴。
寒さで凍ることがないよう糖を蓄積するため、糖分をたくさん含んでいます。

鍋で体を
あたためよう

12月

DECEMBER

12月22日頃に、冬至を迎えます。
冬至とは、年間で一番昼が短く、夜が長い日。
季節の変わり目は体を壊しやすいといわれ、昔から、
寒い冬を元気に乗り切るために、冬至には柚子湯に
浸かって体をあたためていました。
冬至を迎えると一気に年末モードへ。
12月25日に「クリスマス」、12月31日に「大みそか」
があります。
この時期は、年末年始でさまざまなものを売り出すた
め、スーパーは最も慌ただしくなります。

12月の野菜

ごぼう

皮ごと食べても大丈夫

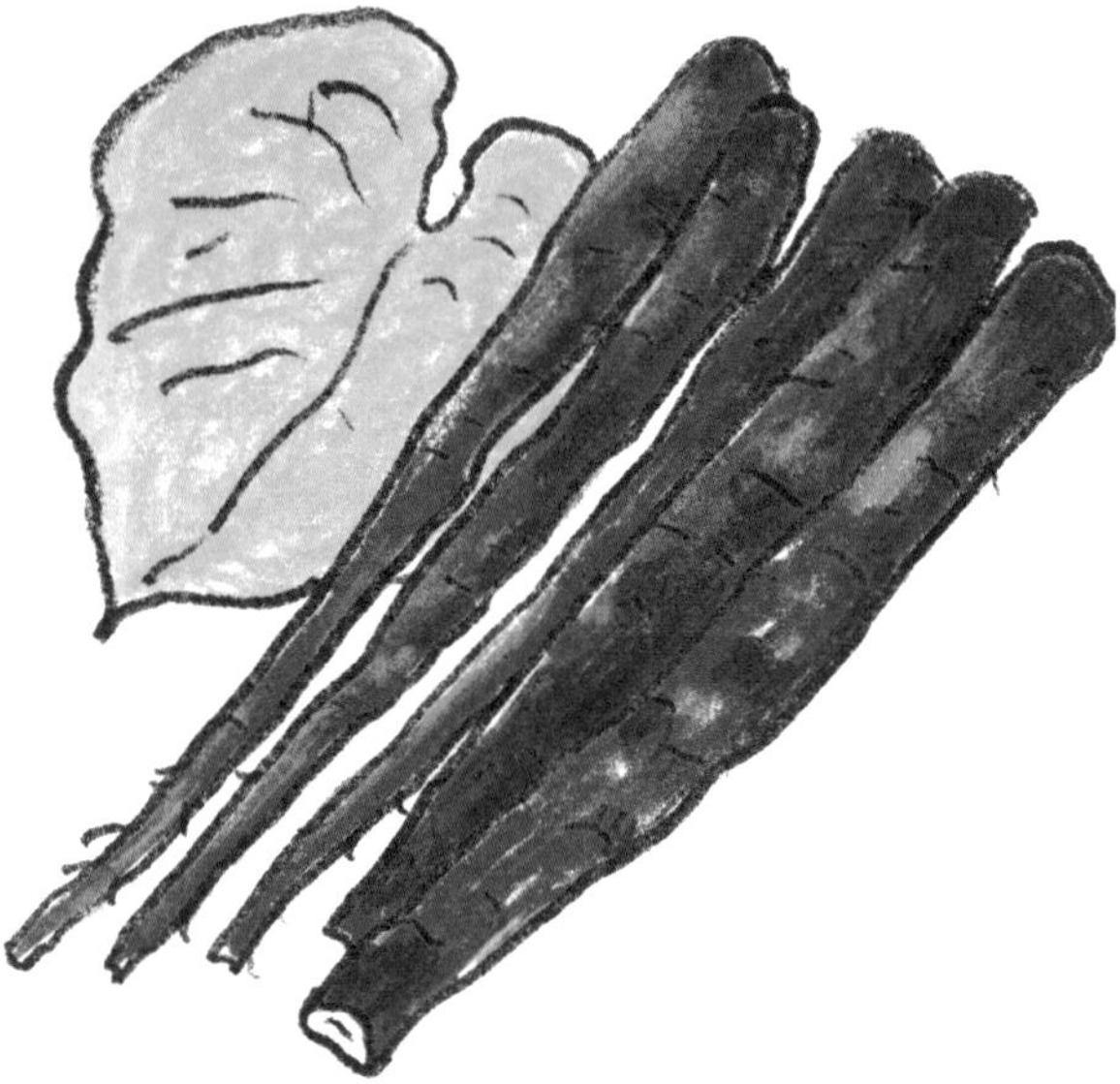

旬は10月～12月

ごぼうの旬って、いつなのかがわかりにくいかもしれませんが、寒い時期が流通量のピークになります。

年末年始には、ごぼうを使った料理を食べることが多いものですよね。

その背景には、ごぼうが地中に根をしっかり張って成長していくことから「延命長寿」の象徴と考えられているということがあります。

同時に、「家や家業がその土地に

根づいて安定しますように」という願いもこめられています。

根菜類の中では地味な存在ながら、煮物やきんぴらに使用している方も多く、私の働くスーパーではコンスタントに売れています。

ごぼうは、食物繊維が非常に豊富で、腸内環境を整える効果が期待できる冬野菜。

皮には、ポリフェノールが豊富に含まれているため、皮ごと食べることをおすすめします。

よく洗って皮ごと食べることで、調理の手間も少し減りますよ。

ごぼうの根を食べるのは日本独自の文化。海外では基本的に食べないようです。

青髪のテツより

ポイント

ごぼうの下処理は面倒？

ごぼうの表面についている土や汚れは、くしゃっとさせたアルミホイルでごぼうの表面をこすることで、簡単に取ることができます。

12月の野菜

春菊

ゆで方にはコツがある

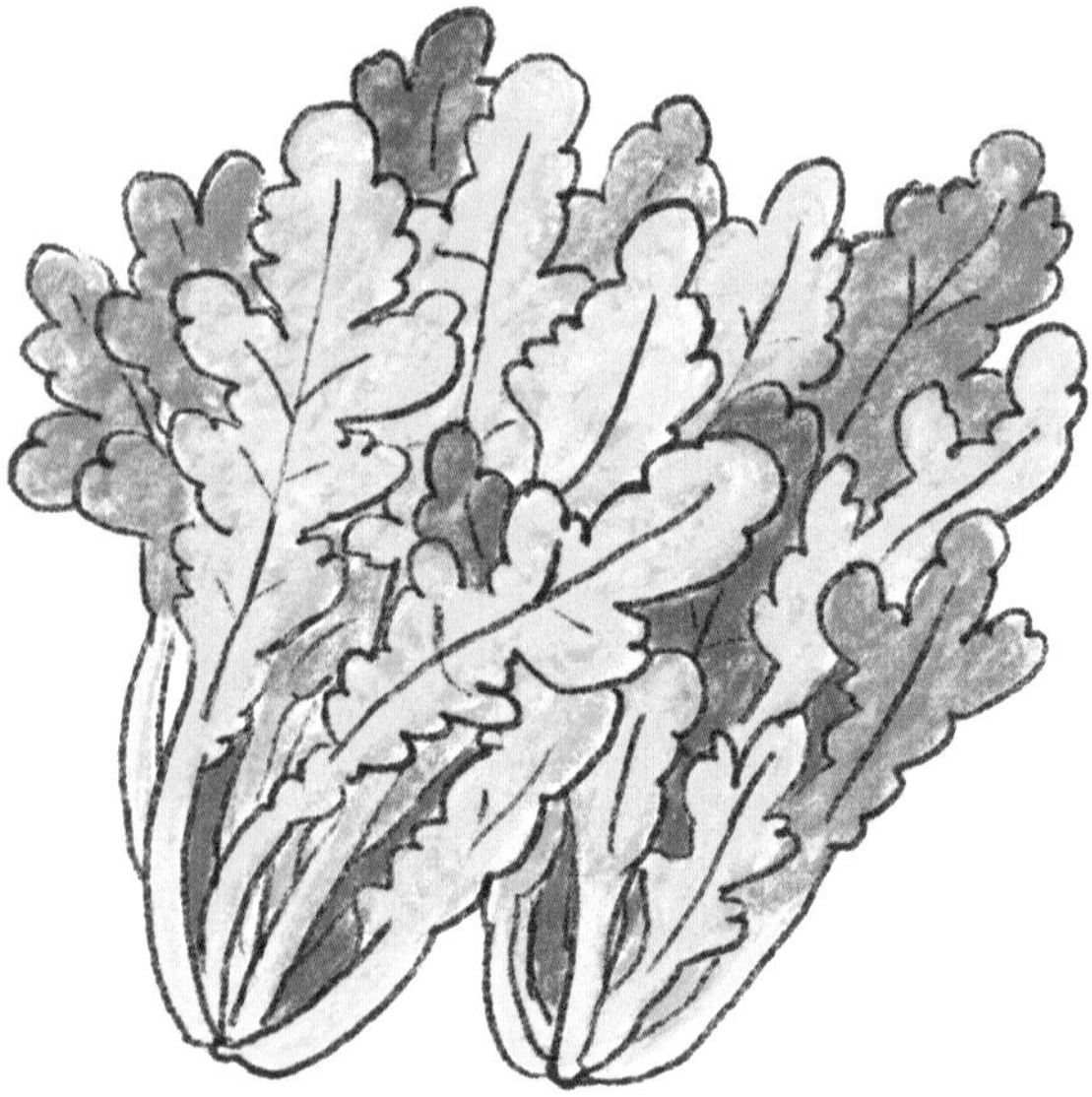

旬は11月～3月

鍋に欠かせない春菊。

春菊は暑さに強く、1年中出回っていますが、旬は11月～3月とされています。

栄養価が高く、自律神経を整える、胃腸のはたらきをよくする、痰を切り、咳を鎮めるなど、さまざまな効果があるそうです。

独特の苦みがありますが、これはポリフェノールによるもの。

ゆですぎると、苦み成分であるポ

リフェノールがにじみ出てくるため、苦みが苦手なら、ゆですぎないことです。

ゆでるときは次の４ステップを参考にしてください。

①春菊の茎を30秒ひたす。

②全体をひたして20秒がベスト（苦味が苦手な方は10秒でOK）。※ゆですぎると苦味が出る。

③冷水にさらし、粗熱を取る。

④水気を切り、食べやすいサイズにカット。

中途半端に解凍すると食味が変わってしまうので、冷凍した春菊を料理に使うときは、凍ったまま料理に使いましょう。

春菊の裏側を見ると、葉が腐って溶けた状態になっていることもあるので注意！

青髪のテツより

ポイント

春菊ナムルの作り方

①春菊をザク切りにする。

②塩・ごま油・おろしにんにくで和える。

β−カロテンとアリシンが合体し、強力な抗酸化作用を発揮すると考えられます。

12月の野菜

白菜

冬の時期だから甘くなる

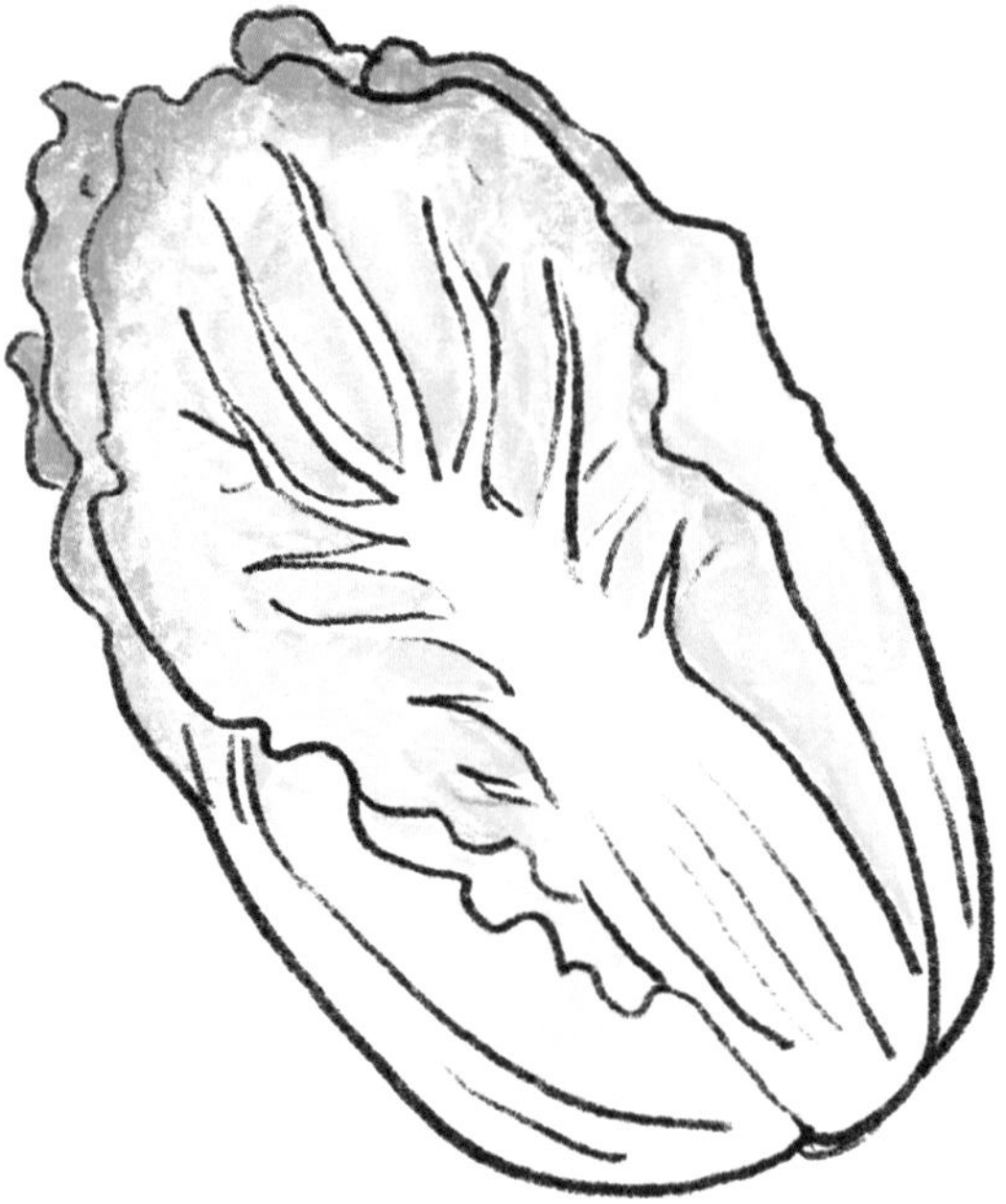

旬は11月〜2月

白菜には、春白菜、夏白菜、秋冬白菜があり、1年中流通している野菜ですが、本当の旬は11月〜2月の寒い時期です。

気温が下がると自身の水分が凍らないように糖を生成するので、寒い時期の白菜は甘味が強い傾向があります。

白菜の成分は9割以上が水分ですが、ビタミンCが多く含まれています。

ところで、葉の部分に黒い斑点がついている白菜を見たことはありますか？

これはポリフェノールが表面に出て黒い斑点になっているもの。

黒い斑点があっても、体に悪いものではないので、洗って落ちない場合は捨てないで、安心して食べてくださいね。

さらに白菜農家さんが言っていたのですが、葉脈が左右対称になっているものが、成長に偏りがなくおいしいようです。

参考にしてみてください。

ポイント

白菜は、こうしていただく

白菜は、煮る、漬ける、炒める……なんでも使えます！

- シチュー
- ポトフ
- みじん切りにして餃子の具に
- 白菜サラダ
- 白菜漬け
- 炒め物

などなど、大活躍！

カットされた白菜は、緑ではなく、黄色いものを選んでください！　長持ちします。

青髪のテツより

12月の野菜

クリスマスのサラダに！ ブロッコリー

旬は11月～3月

ブロッコリーの旬は11月～3月頃で、寒くなると、自身が凍らないように糖を生成するため、甘くなる性質があります。

年末頃のブロッコリーは味がいいので、クリスマスのサラダに使ってみてくださいね。

紫色に変色するブロッコリーもありますが、厳しい寒さでアントシアニンが表出して変色しているだけ。傷んでいるわけではありません。

また、ブロッコリーのカサには虫や汚れが潜んでいることがあります。

次のように洗い、汚れをしっかり落としましょう。

①余分な茎や葉を取り除く。
②蕾を下にしてビニール袋に入れる。
③蕾が浸かるまで水を入れる。
④15分間放置して、最後にシャカシャカ振る。

すると、小さい虫や汚れが浮いてきます。

茎を食べずに捨てる方がいますが、茎も蕾の部分と同じように食べることができますよ。

ブロッコリーの茎は捨てないでください！　皮をうまく取れば食べられます。

青髪のテツより

ポイント

ブロッコリーとカリフラワーは、どう違う？

ブロッコリーとカリフラワー、似ている2つですが、こんな差があります。

- ブロッコリー：キャベツの仲間。カリフラワーに比べて、β-カロテンが多い。
- カリフラワー：ブロッコリーが変異して花蕾が白色になったもの。白や黄緑、オレンジのものも。

12月25日 クリスマス

クリスマスとはイエス・キリストの誕生を祝う日。

新約聖書では、イエス・キリストが何月何日に生まれたかの記録はないため、実際のところ、誕生日はわからないようです。

日本のクリスマスで食べるものといえば、「チキン」と「サラダ」「ケーキ」ですよね。

家族や友人と集まって過ごすこの日、チキンやケーキを用意して食べるクリスマスもいいと思いますが、リースやツリーをかたどった「クリスマス仕様のサラダ」を作って、みんなでいただくのはいかがでしょうか。

次のページに、「リース状のクリスマスサラダ」と「クリスマスツリーサラダ」を紹介します。

ふだんよく食べるサラダも、こんなふうに盛りつけるだけで、特別なものに感じられるのではないでしょうか。

リース状のスペシャルサラダ

ベビーリーフやきゅうりを円を描くように並べて、そのうえにミニトマトや、色とりどりのパプリカ、生ハムをのせていく。

クリスマスツリーサラダ

ブロッコリーをゆでて、大きいブロッコリーを下に、小さいブロッコリーを上にのせていき、ツリー状にして、ミニトマトや星型のチーズをのせていく。

12月31日 大みそか

大みそかに「年越しそば」を食べる人が多いと思いますが、これには「細くて長いそばのように、長生きできますように」という願いがこめられているそうです。

また、大みそかに、すき焼きを食べる人もいるかもしれませんね。

これには諸説ありますが、もともとは「過去を引きずらず、いい新年を迎えられますように」と願ったことに由来し、名古屋では「ひきずり」（すき焼きの別名）を食べるようになったことから。

その後、大衆化したことで、大晦日にすき焼きを食べる家庭が増えたのではといわれています。

次のページでは、「すき焼き鍋」の作り方を紹介します。

1年の最後の日に、ぜひおいしいものを食べて過ごしてくださいね。

レシピ

すき焼き鍋(関西風)

材料

牛肉……200ｇ
春菊……150ｇ
しいたけ……２個
長ねぎ……１本
焼き豆腐……１丁
えのき……１袋
しらたき……１袋
A(酒……1/2カップ
砂糖……大さじ4
しょう油……大さじ4
水……1/2カップ)
溶き卵(お好みで)

作り方

1　鍋に少量の油(あれば牛脂)を熱し、少量の牛肉をよく焼く。
2　春菊と肉以外の材料を並べ入れ、上に肉を広げてAを入れ、煮る。最後に春菊を入れて、さっと煮る。
3　溶き卵をつけながらいただく。

※「すき焼き」は関東と関西で作り方が異なりますが、ここでは「関西風」をご紹介します。

体調を整えて
いい新年を

1月

JANUARY

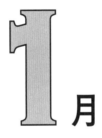

お正月には、冬の野菜を使ったおせち料理やお雑煮などのごちそうを食べる人も多いでしょう。

年のはじまりということもあり、「三日とろろ」「七草がゆ」など、1年通しての豊作や無病息災を願う食のイベントが続きます。

食べすぎや飲みすぎが続きがちな年末年始ですが、野菜を使った健康な食事で胃腸をいたわりながら、気を付けて過ごしたいものです。

いい1年を過ごせるよう、そのとき一番の食材を取り入れて、健康に過ごしましょう。

1月の野菜

キャベツ

外葉は捨てないで！

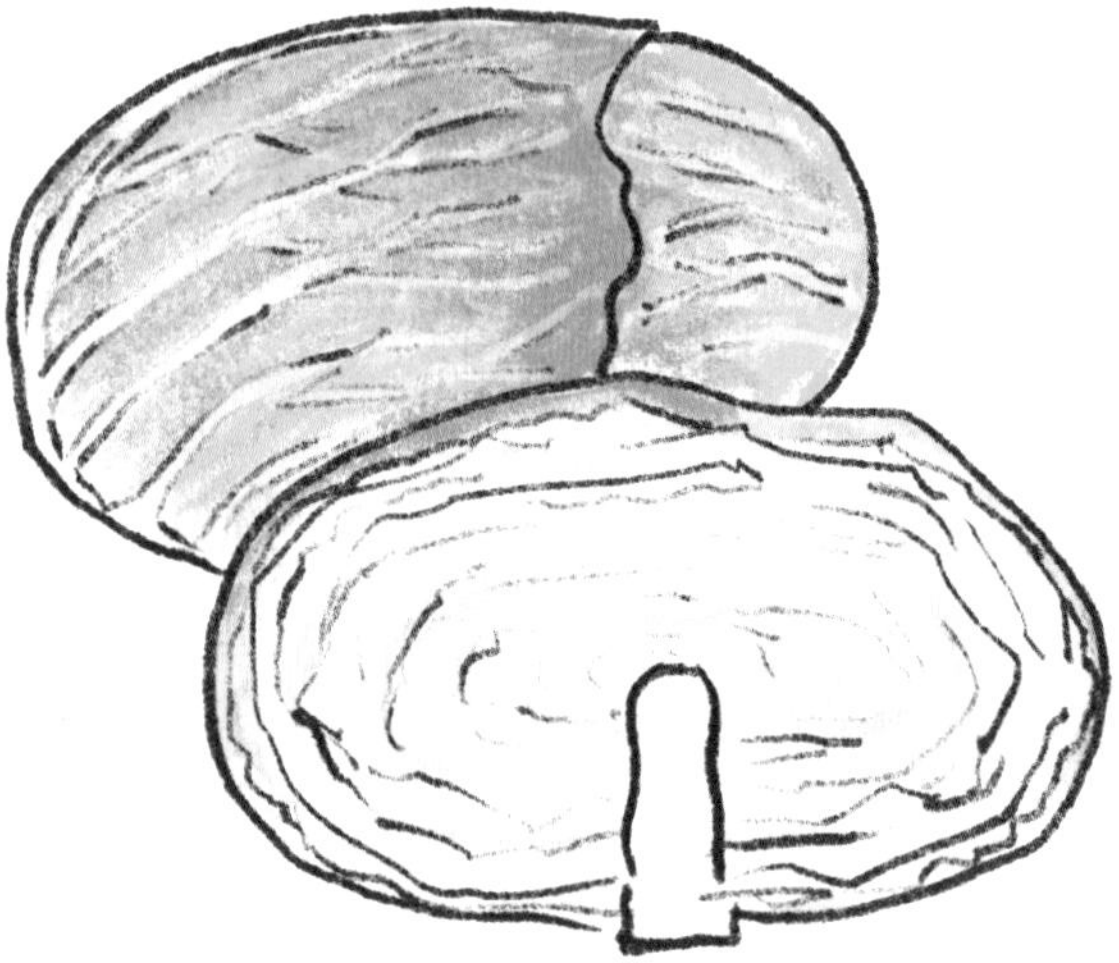

旬は春、夏、冬

春は春キャベツ、夏は高原キャベツ、冬は冬キャベツが収穫されるため、年中おいしいキャベツを食べることができます。

キャベツは、やわらかい葉の部分を食べるのが一般的ですが、硬い外葉や芯は食べることができないと思っていませんか？

枯れていたり、極端に汚れたりしているなら捨てたほうがいいですが、きれいな部分まで捨てるのは

もったいない！

土や農薬が気になる場合は、水でよく洗えば問題ありません。

ただし、根元に近い茶色の部分は臭みが強く、食べにくいので、取り除いたほうがいいでしょう。

キャベツ農家さんのお話しでは、裏側の5つの筋が均等な間隔で伸びているものがおいしいそうです。

スーパーで選ぶときに、参考にしてみてください。

芯は葉よりも甘味が強いのが特徴。加熱するとさらに甘味が強くなります。

青髪のテツより

ポイント

キャベツには、こんな種類がある

スーパーで見かけるキャベツには、このようなものがあります。

- 春キャベツ：やわらかく、生食に適している。浅漬けにも。
- 高原キャベツ：おもに群馬県嬬恋村で生産。甘味が強く、広く利用される。
- 紫キャベツ：色鮮やかな紫色のキャベツ。マリネに最適。
- 芽キャベツ；3～4㎝ほどのミニキャベツ。煮込みや炒め物に最適。

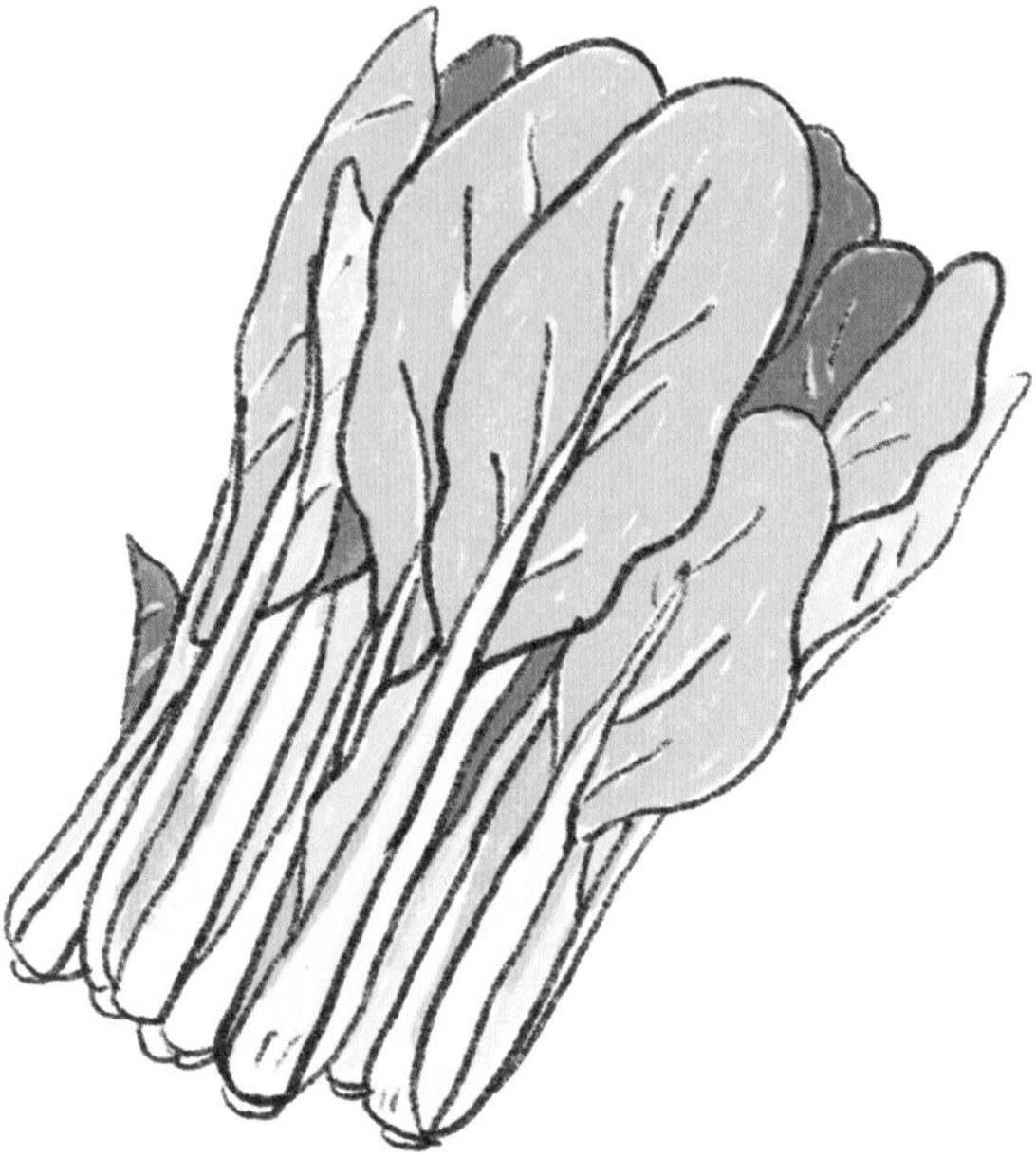

1月の野菜

小松菜

味以上に栄養たっぷり

旬は11月〜3月

小松菜は、葉物野菜の中では、ほうれん草に次いでスーパーでよく売れる野菜です。

現在の東京都江戸川区小松川の付近で栽培されていたことから、「小松菜」と名付けられました。

小松菜は苦みやえぐみなどがさほどないので、栄養があまり含まれていないような印象があるかもしれませんね。

でも実はβ-カロテン、ビタミン

C、鉄分、カルシウムを豊富に含んでいて、とても栄養豊富な野菜なんです。

ほうれん草であれば鉄分やカルシウムが豊富というイメージがある方も多いと思いますが、実は、小松菜のほうが鉄分とカルシウムを多く含んでいます。

貧血気味の方やカルシウム不足が気になる方は、小松菜を食べるといいかもしれません。

小松菜は暑さと乾燥に弱いので、茎の部分をペーパーで包んで保存袋に入れ、冷蔵庫に保存してください。

小松菜は冷凍してください！　おひたしは15分常温で解凍し、調味料をかけるだけ。

青髪のテツより

ポイント

葉物野菜の洗い方、紹介します

汚れが気になるときは、次のように洗ってください。

1. 根元を少しカット。
2. カットした根元の切り口に十字に切りこみを入れる。
3. ボウルに水を張り根元をつけてよく洗う。
4. 葉の部分を洗う。

1月の野菜

にんじん

加熱のほうが栄養UP

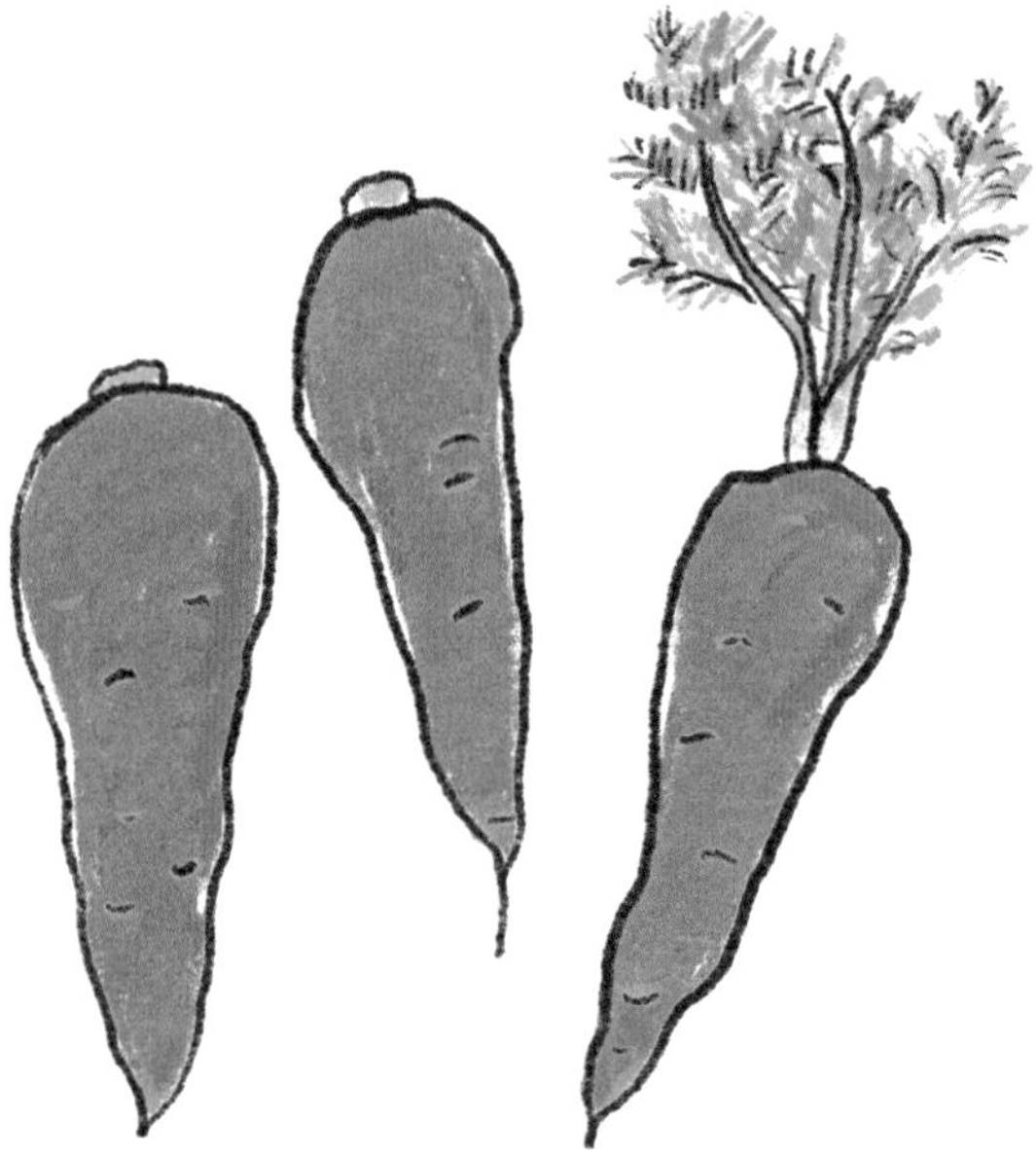

旬は10月～1月

正月ににんじんを食べる理由は、にんじんの赤色が「縁起のいいおめでたい色」とされていて、さらに名前に「ん」がつくことから。「運」がつくいい食材ということで使われるようになりました。

正月の煮しめで、梅の花の形に飾り切りされているにんじんを見たことがある人もいるでしょう。

梅の花は早春に咲き、厳しい寒さに耐えて紅白の花を咲かせるため、

「清廉潔白」というイメージにつながり、これも縁起がいいとされています。

また、にんじんに含まれるβ－カロテンの吸収率は、生だと8％、ゆでると30％、油で炒めることで50～70％だといわれています。

にんじんの栄養を余すことなく摂取するなら、生ではなく、加熱して食べるようにしましょう。

抗酸化作用のあって健康にいいβ－カロテンを効率よく摂取したいですね。

にんじんは、軸が小さいほど甘くてやわらかい！

青髪のテツより

ポイント

にんじんには、こんな種類がある

にんじんには、おもに次の種類があります。

- 五寸にんじん：一番よく流通しているのが「五寸にんじん」。明るいオレンジ色をしていてある程度の太さがある。
- ミニキャロット：「ベビーにんじん」とも呼ばれ、果肉はやわらかくて甘味があり、にんじん特有の香りは少なめ。サラダに最適。
- 金時にんじん：全体的に細長く、「京にんじん」という名前でも知られる。果皮が濃い赤色で甘味があり、香りは少なめ。

1月の野菜

本来の旬は冬
ほうれん草

旬は11月～2月

ほうれん草は、葉物野菜の代表ともいえる野菜で、同じ葉物野菜の小松菜や水菜と比較しても、ほうれん草のほうがよく売れます。

ハウス栽培をしているので、夏を含めて通年出回りますが、本来の旬は冬で、11月～2月頃に多く流通します。

夏のほうれん草と冬のほうれん草を比べると、本来の旬である冬に収穫されたほうれん草のほうが糖度や栄養価は格段に高いんです。

冬の時期だけに流通する「ちぢみほうれん草」は、冬場の寒さに耐えて育つため、普通のほうれん草よりも甘みが強く、苦みとなるシュウ酸も少ないといわれています。

ちぢみほうれん草も普通のほうれん草も、栄養価がとても高く、β－カロテン、ビタミンC、鉄分、カルシウム、マグネシウムを豊富に含みますが、シュウ酸を含むので、食べる際は必ず下ゆでする必要があります。

3日間冷蔵保存したほうれん草の場合、ビタミンCは70％も失われるといわれていますので、すぐに食べない場合は、冷凍することをおすすめします。

冷凍したほうれん草は、お湯をかけて水にさらせば、すぐ料理に使えます！

青髪のテツ
より

ポイント

ほうれん草は、こうしていただく

おひたし、味噌汁、白和え、パスタ、ナムルでも食べることができる、万能な野菜です！

1月の野菜

皮はむかなくていい れんこん

旬は11月〜3月

正月にれんこんを食べる背景には、れんこんに複数の穴が空いていて「将来の見通しがよくなる」ということがあります。

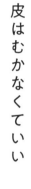

さらに、にんじんと同じように名前に「ん」がつくため、運がつくい い食材ということで使われるようになりました。

ほかにも、れんこんの花である蓮の花が極楽浄土で咲くといわれていることから、「穢れがない」という意味もありますし、一株のれんこんから多くの種が取れることから「子孫繁栄」という意味もこめられています。

れんこんは栄養も満点で、ほぼでんぷんで構成されていますが、ビタミンCや食物繊維も豊富に含んでいます。

タンニンというポリフェノールの一種も含まれていて、活性酸素のはたらきを抑える効果があるといわれ、老化防止効果も期待できます。

皮にも栄養が豊富に含まれているので、気にならない方は皮ごと食べてくださいね。

ポイント

れんこんのあく抜きって、必要？

一般的に、酢水にひたす「あく抜き」が必要といわれていますが、濃い味付けをする場合は必要ないように思います。素材の味を活かしたような薄い味付けにするのなら、あく抜きしたほうがいいですよ。

れんこんの皮は捨てないでください！　皮に含まれる栄養を余すことなく摂れます。

青髪のテツより

1月1日〜1月3日 三が日

お正月に食べる「おせち」の由来は「節日」「節句」で、漢字では「御節」と書かれます。

おせち料理は、年神様（その年の幸運をもたらす神様）へのお供えもので、私たちは年神様のお下がりをいただきます。

おせち料理で代表的なのは、「黒豆」「きんぴらごぼう」「栗きんとん」「筑前煮」「紅白なます」。

さまざまな料理を重箱につめていただきますが、左ページではそのひとつである「筑前煮」を紹介します。

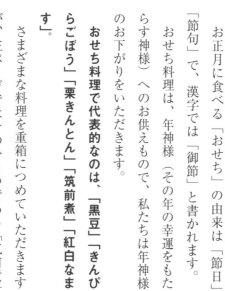

レシピ

筑前煮

材料

鶏もも肉……1/2枚
こんにゃく……1/2枚
にんじん……100g
れんこん……100g
ごぼう……50g
干ししいたけ……3枚（戻し汁も使います）
サラダ油……小さじ2
酒……1/2カップ
しょう油……大さじ3
砂糖……大さじ3

作り方

1 鶏もも肉は1口大に切る。こんにゃくはスプーンでちぎり、下ゆでする。干ししいたけは水で戻し、石づきを取って2つに切る。にんじんは乱切りにし、れんこんとごぼうは乱切りにして水にさらす。

2 鍋にサラダ油を熱し、鶏もも肉を炒め、色が変わったらほかの具材を入れて炒め、全体に油が回ったら、しいたけの戻し汁をかぶるくらい入れ、酒も加え、強火にかける。

3 煮立ったらあくを取り、中火にし、砂糖を加え、落し蓋をして5分煮る。しょう油を加えてさらに10分煮て、具材に火が通ったら落し蓋を取り強火にし、煮からめる。

1月1日～1月3日　三が日

お雑煮とは、おせち料理と同じように、年神様へのお供え物を、新年最初に使うお水と、最初に使う火を使って餅と一緒に煮込んでいただくものとされています。

地域によって餅の形が異なり、関東より東は丸餅が多く、関西より西は角餅が多い傾向があります。

また、作り方にも地域色があります。

関西では白味噌仕立てで、島根県・出雲ではぜんざいのような小豆雑煮を、九州はあごだしベースのすまし汁、四国の一部ではあんこの入った餅を白味噌ベースでいただき、岩手県はくるみダレで食べるくるみ雑煮をいただくそうです。

鶏ガラを使用していたり、牡蠣を入れていたり、餅を入れないお雑煮があったり……地域だけではなく、お雑煮は、家庭によっても具材や出汁が異なるようです。

レシピ

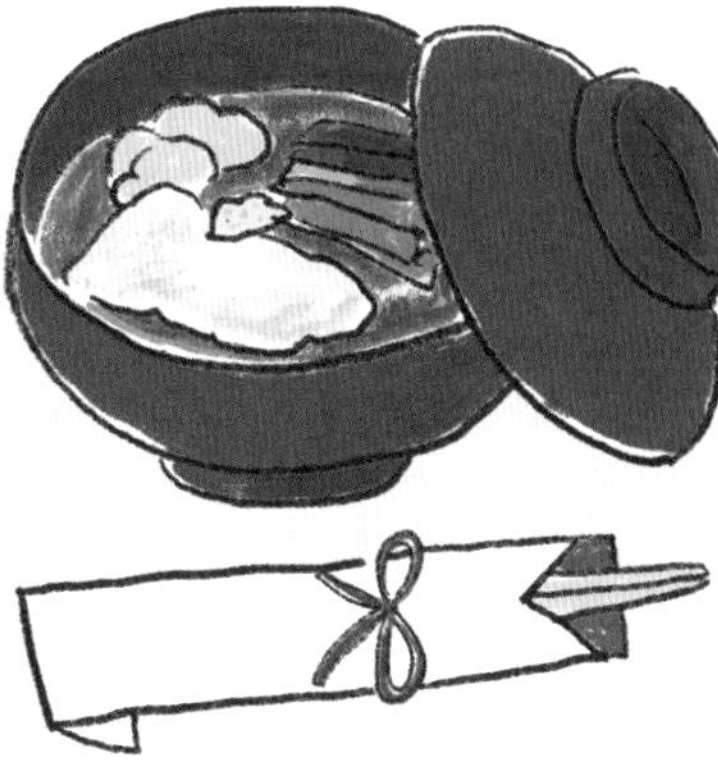

お雑煮

材料

だし汁……４カップ
鶏もも肉……1/2枚
みりん……小さじ2
塩……小さじ1/2〜１
薄口しょうゆ……小さじ２
餅（焼く）
ほうれん草……1軸（ゆでて食べやすい長さに切る）
にんじん……30ｇ
大根……50ｇ（にんじんと大根は短冊切りにし、下ゆでする）
ゆずの皮……お好みで

作り方

1　鶏もも肉は小さめの一口大に切る。

2　鍋にだし汁を入れて火をつけ、鶏もも肉を入れ、あくを取りながら鶏もも肉に火を通す。

3　２に、みりん・塩・薄口しょうゆを入れ、餅を入れ、さっと煮る。椀に盛り、にんじん、大根ほうれん草をのせる。お好みでゆずの皮などをのせてもいい。

1月3日　三日とろろ

「三日とろろ」とは、北関東や東北など一部地域に残るもので、正月の2日～3日に長芋や自然薯をすりおろし、とろろ汁にして食べる行事食を指します。

長芋をすりおろした「とろろ」が長く伸びることから、**「粘り強く1年間健康に過ごせますように」や「長生きできますように」という願いがこめられています。**

1月7日　人日の節句

七草がゆとは、江戸時代から伝わるもので、人日の節句に春の七草（セリ・ナズナ・ゴギョウ・ハコベラ・ホトケノザ・スズナ・スズシロ）と一緒に煮込んだおかゆを食べることで、家族の健康を祈る行事食です。次に、作り方を紹介しますね。

レシピ

七草がゆ

材料

米……1/2合　水……4合分
春の七草……1パック（葉の部分は下茹でしてみじん切りにし、実の部分は輪切りにしておく）
塩……適宜

作り方

1　洗った米と水を鍋に入れ、強火にかける。煮立ったらごくごく弱火にし、途中底から混ぜ、輪切りにしたスズナやスズシロ（七草のパック）を入れ、少し煮る。
2　スズナやスズシロ（七草のパック）に火が通り、おかゆが好みの水分の加減になったら火を止め、葉を入れ、蓋をして少し蒸らす。塩は食べるときに好みでかけてもよい。

春目前、野菜で
栄養チャージ

2月

FEBRUARY

年始の余韻を残しつつ、2月3日頃に「節分」を迎えます。

「節分」では、豆をまいて、その年の無病息災を祈る習慣がありますが、近年では恵方巻を食べる人も少なくありません。

また、2月4日頃には立春を迎えて、徐々に春に近づく時期ですが、まだまだ寒さは残り、根菜系の冬野菜がおいしくいただけます。

そのひとつである大根も食べ頃。

椿や梅の花が咲きはじめ、スーパーで春野菜を見かけるようになると、だんだん春が待ち遠しくなるでしょう。

2月の野菜

大根
皮まで味わって

旬は12月〜2月

1年中スーパーに並んでいる大根ですが、年末〜2月に最もおいしい時期を迎えます。

「大根の皮は食べられる」ということは知っていますか?

大根の皮には、実は栄養素がたくさん含まれていて、特に食物繊維やビタミンCが豊富です。

とはいえ、皮がついたままだと煮物では味がしみないし、食感も悪くなるので、大根は皮をむいて食べたいですよね。
ですから、皮は取っておいて、きんぴらにしたり素揚げにするようにしてください。
冬の大根は、甘みと水分がしっかりあり、煮物に最適。
おでんの具としても、とてもいい役割を果たしてくれます。

大根がしわしわになっても捨てないでください！　よく味が染みるので煮物にしてね。

青髪のテツより

ポイント

大根の葉、食べられます

大根の葉の部分、捨てていませんか？
- チャーハン
- 炒め物
- パスタの具

などでおいしくいただけます！

大根には、こんな種類がある

スーパーで並ぶ大根の、おもな品種を紹介します。
- 青首大根：一般的に出回っている大根。サラダにも煮物にも最適。
- 三浦大根：煮崩れしにくく、煮物向き。
- 辛味大根：京野菜のひとつ。ほかの大根より小ぶりで辛味がある。そばやうどんに最適。

2月の野菜

苦みもいただこう
ふきのとう

旬は2月〜4月

ふきのとう、食べたことはありますか?

ふきのとうは、雪が解けかけてきた場所に地中から目を出す山菜である、ふきの花の蕾を指し、旬は2月〜4月頃です。

葉の部分であるふきも、3月〜5月に出回りますね。

独特の苦みがあますが、この苦み成分が胃腸のはたらきに作用し、消化を助けてくれるといわれています。

スーパーでふきのとうを見かけても、「調理法がわからない」という理由で手に取ったことがない方もいるでしょう。

ふきのとうの調理で大事なのは下処理。**根の部分にペタシテニンという毒性があるので、料理する前に黒ずんでいる根元を切り落として、褐色の葉を除き、塩と一緒にゆでる必要があります。**

しっかり水を切ってお使いください。

すぐに食べない場合は、ゆでた状態で冷凍保存もできます。

ポイント

ふきのとうは、こうしていただく

ふきのとうのほろ苦い風味が好きという方も少なくないのではないでしょうか。
「ふきのとう味噌」をイメージする方が多いと思いますが、

- 味噌炒め
- グラタン
- パスタの具

などにもおすすめです。

毒を持っている部位でアレルギーを引き起こす可能性があるので注意しましょう。

青髪のテツより

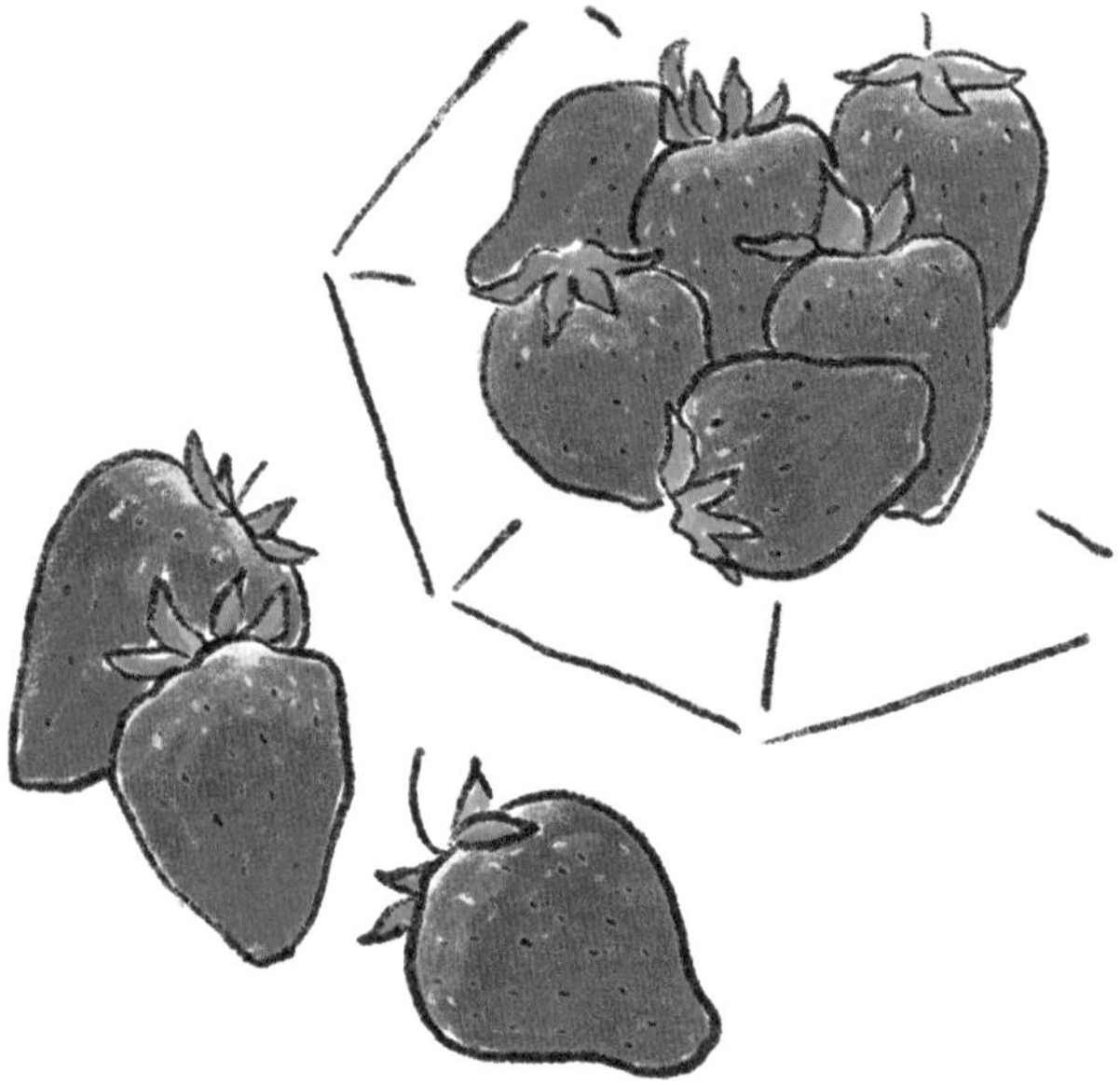

2月の果物

いちご

冬～春に食べてほしい

旬は2月～5月

いちごには300種類以上の品種があるといわれており、その数は増え続けています。

ビタミンCが豊富で、風邪を予防する効果が期待できます。

流通しはじめる時期は風邪が流行する冬の時期なので、いちごがお店に並んでいたら積極的に買ってほしいところです。

ただ、旬は春なので、春になると値下がりしていく傾向があります。

パックのいちごは、いちご同士が重ならないように容器に移して、冷蔵庫に保存を！

青髪のテツより

ポイント

いちごには、こんな種類がある

いちごの種類、ほんの一部ですがご紹介します。

- あまおう：「あかい、まるい、おおきい、うまい」の頭文字から名付けられた。酸味が少なく果汁が多くジューシー。1月中旬〜3月末に流通。
- 紅ほっぺ：ほっぺが落ちそうなほどおいしいという意味が込められている。甘味と酸味がバランスよく強い。12月〜5月上旬に流通。
- とちおとめ：栃木県を中心に全国的に生産。手に入りやすい。スイーツにも使用されている。2月〜4月に流通。
- さちのか：佐賀県を中心に生産。サイズはやや大きめ。ほかのいちごと比べ、ビタミンCが多く含まれている。12月〜5月に流通。
- さがほのか：佐賀県を中心に九州で生産。外側はきれいな紅色、中は白い。甘味が強く、酸味は控えめ。12月〜5月下旬に流通。
- ゆうべに：熊本県で生産。光沢のある美しい紅色で、果汁が多く、甘味と酸味のバランスがいい。11月中旬〜5月頃まで流通。
- いちごさん：佐賀県の新しい品種。濃い紅色で、果肉まで赤い。やさしい甘味があり、香りもいい。11月下旬〜6月まで流通。

2月の果物

キウイフルーツ

安い時期にお得に買おう

旬は12月〜5月

日本で販売されるキウイフルーツのほとんどはニュージーランド産ですが、国内でも栽培され、12月〜5月頃にスーパーに出回ります。

キウイフルーツも、旬の時期には財布にやさしいでしょう。

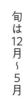

年末頃はやや高めの値段ですが、2月〜3月頃は輸入物と変わらない値段になります。

キウイフルーツを買ったものの、まだ硬くて熟していなかった……といったことはありませんか？

そんなときは、りんごやバナナと一緒に袋に入れて、常温で保存してみてください。

りんごやバナナは「エチレンガス」という食品の追熟を進める効果のあるガスを放出し続けています。

ですので、同じ袋に入れて保存することで追熟をとても早めることができます。

硬めのキウイでも2～3日もすれば食べ頃になるでしょう。

ポイント

キウイフルーツの緑・赤・黄色

キウイフルーツには、おもに次のような種類があります。
- 緑（ヘイワード）：一番よく流通しているのがこのグリーンキウイ。甘みと酸味を両方味わえる。
- 赤（レインボーレッド）：果実の中に赤い部分があるのが特徴。
- 黄色（ゼスプリゴールド）：ゼスプリ社が開発した黄色いキウイでゴールデンキウイとも呼ばれる。強い甘みがある。

私は、やわらかくなるまで完熟させたグリーンキウイが好きです！

青髪のテツより

2月3日頃　節分

節分には「季節をわける」という意味があり、立春（2月4日頃）の前日を指し、目に見えない邪悪な存在を鬼として、その鬼に豆（魔滅）をぶつけることで邪気をはらいます。

最近では「恵方巻き」を食べる風習が広まりましたが、一部関東地域では、節分の日に「けんちん汁」を食べるようです。

なぜ2月3日にけんちん汁を食べるのでしょうか。

これには2つの説があります。

ひとつは、中国の精進料理である普茶料理である巻繊《けんちゃん》が日本語になったという説。

そしてもうひとつは、鎌倉の建長寺で、余りものの野菜や豆腐で作られていた「建長汁」が、いつしか「けんちん汁」と呼ばれるようになったという説。

次のページでは、「けんちん汁」の具体的な作り方をご紹介します。

レシピ

けんちん汁

材料

大根……100g
こんにゃく……1/4丁
豆腐……1/3丁
にんじん……50g
ごぼう……50g
里芋……3個
ごま油……大さじ1
しょう油……大さじ2
だし汁……3カップ　塩適宜

作り方

1 大根・にんじんは皮をむいて、小さめの乱切りにし、ごぼうはささがきにして水にさらす。里芋は皮をむいて4つに切る。こんにゃくはスプーンでちぎり、下ゆでする。

2 鍋にごま油を熱し、豆腐以外の具材を炒め、豆腐を手で食べやすい大きさに崩しながら炒め合わせ、だし汁を加える。

3 煮立ったらあくを取り、材料に火を通し、しょう油を入れる。

4 最後に塩で味を整える。

おわりに

毎日の食卓は、もっとおいしく、もっと楽しいものになる

私は現在もスーパーで勤務していますが、同時にTwitterでの発信を続けており、今ではありがたいことに60万人の方にフォローいただいています。

フォロワーが0人だった状態で情報発信をはじめたときから、ずっと、一番の目的は変わっていません。

それは、1人あたりの野菜の消費量が、国が定めている1日350gという基準を大きく下回っている今、多くの方に野菜の魅力を伝えて、もっと野菜をおいしく、楽しく食べてほしいということです。

Twitterで野菜の発信を続けるなかで、農家さんと交流することも増えました。

農家さんの多くは今、燃料費や肥料など、野菜を栽培するためのコストが上がった

ことに頭を抱えています。なかには廃業に追い込まれている農家さんも……。

作り手が減ると、国産の野菜の量も減ってしまいます。

消費者の方が野菜をもっと食べることで、みんなが健康になり、農家さん、ひいては私を含め小売店の売り上げも上がるように思っています。

本書は「旬」と「行事食」というテーマで野菜の魅力をお伝えしました。

この本を読み終えたあなたが、野菜の旬と行事食に興味を持って、毎日の生活に実践していただけたら、とても嬉しく思います。

今後も、微力かもしれませんが、書籍やＳＮＳを通して、野菜の消費量を増やす活動を続けていきたいと思っています。

ぜひ、野菜を通して僕の活動を応援していただけますと嬉しいです。

本書をお読みいただき、ありがとうございました。

青髪のテツ

スーパーのカリスマバイヤー直伝！

旬《しゅん》で食《た》べる！ 野菜《やさい》の12ヵ月《げつ》

2023年8月31日　　初版発行

著　者……青髪《あおがみ》のテツ

発行者……塚田太郎

発行所……株式会社大和出版

東京都文京区音羽1-26-11　〒112-0013

電話　営業部03-5978-8121／編集部03-5978-8131

http://www.daiwashuppan.com

印刷所／製本所……日経印刷株式会社

装幀者……菊池祐

装画者……東口和貴子

ISBN978-4-8047-6416-0

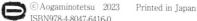